Alianza Cien
pone al alcance de todos
las mejores obras de la literatura
y el pensamiento universales
en condiciones óptimas de calidad y precio
e incita al lector
al conocimiento más completo de un autor,
invitándole a aprovechar
los escasos momentos de ocio
creados por las nuevas formas de vida.

Alianza Cien
es un reto y una ambiciosa iniciativa cultural

TEXTOS COMPLETOS

TCF
IMPRESO EN PAPEL ECOLÓGICO
(EXENTO DE CLORO)

Luis Carlos Gago

Bach

Alianza Editorial

Diseño de cubierta: Ángel Uriarte
Ilustración de cubierta:
Haussmann, *Retrato de J. S. Bach,* 1746

Calle J. I. Luca de Tena, 15; 28027 Madrid; teléf. 393 88 88
ISBN: 84-206-4682-2
Depósito legal: B. 35959-1995
Impreso en Novoprint, S. A.
Prited in Spain

I

Memoria de una piedra
sepultada entre ortigas.

LUIS CERNUDA

Post cineres gloria: la fama le llegó a Johann Sebastian Bach demasiado tarde. Conocido en vida en los estrechos confines geográficos en los que llevó a cabo su actividad profesional como compositor o como solista —no más de una decena de ciudades del norte de Alemania—, hubieron de sucederse las generaciones para que alcanzara a comprenderse y valorarse la grandeza de su arte. Su biografía íntima es, sin duda alguna, la más desconocida de los grandes maestros de la historia de la música occidental y la envergadura real de su producción musical sigue siendo un misterio en los albores del siglo XXI. Muy pocos de entre sus contemporáneos fueron conscientes de la estatura artística de Bach, lo que explica el exiguo número de documentos que hoy nos informan con detalle acerca de las circunstancias que rodearon su vida y su labor creativa. Aunque los musicólogos, aún inmersos en una ingente tarea de investigación, han arrojado mucha luz sobre lo que antaño no era sino *terra incognita*, seguimos teniendo que recurrir a la imaginación, a la conjetura, a la hora de examinar y ubicar en su contexto histórico un edificio musical que, ajeno a las adversidades, ha pasado a convertirse en uno de los pilares fundamentales de nuestra cultura.

Bach, al contrario que la mayor parte de los grandes artistas de la historia de la humanidad, no fue un revolucionario, o un innovador. No rompió moldes, apenas inventó nada que no existiera ya en una u otra forma, aunque sí gustaba de hacer suyas de inmediato las propuestas formales o estilísticas de otros. No inauguró, en suma, una nueva época, a la manera de Monteverdi, Beethoven o Schoenberg. Con Bach se cerró, en cambio, irremisiblemente la que le tocó vivir y en su obra pueden incluso apreciarse lo que muchos calificarían de signos anacrónicos. Pero sería excesivamente simplista considerar sin más que Bach puso punto final al Barroco y, de este modo, recluir su música en los angostos lindes de un período artístico o una época histórica. ¿Cómo explicar, si no, la vigencia o el interés unánime que ha suscitado su obra entre los compositores posteriores de las estéticas más diversas?

Mozart lo veneró, y transcribió o arregló varias de sus obras; Beethoven aprendió a tocar en su infancia *El clave bien temperado* completo, y el contrapunto bachiano habría de tener una importancia decisiva en la concepción de las partituras testamentarias de su última época; Rossini fue uno de los primeros suscriptores de la edición completa de las obras de

Bach, aparecida en un lento goteo de volúmenes a partir de 1851; Schumann y Liszt, representantes de dos de las principales tendencias del romanticismo musical, estudiaron sus obras con devoción y utilizaron su propio nombre (equivalente en la notación alemana a las notas Si bemol[B]-La[A]-Do[C]-Si natural[H]) como base de algunas de sus composiciones; Brahms transcribió para piano la *Chacona* de la *Partita para violín solo n.º 2* y cerró su catálogo con una serie de preludios organísticos que se reclaman tácitamente hijos espirituales de las partituras homónimas de Bach; Schoenberg analizó minuciosamente sus técnicas compositivas y orquestó varias de sus obras para órgano; Berg citó el coral de la *Cantata BWV 60* al final de su *Concierto para violín* y Webern orquestó el colosal *Ricercare a seis* de la *Ofrenda musical*; Stravinsky instrumentó también otra de sus creaciones cimeras de última época, las *Variaciones canónicas sobre «Vom Himmel hoch»*; Bartók le dedicó un homenaje expreso en su *Mikrokosmos* y muchos otros tácitos, como el contenido en su *Sonata para violín solo*; Shostakovich modeló sus *Preludios y Fugas opus 87* a imagen y semejanza del *Clave bien temperado*; Villa-Lobos incidió en sus aptitudes camaleónicas al alumbrar sus *Bachianas brasileiras*; Birtwistle, en fin, introdujo dos preludios corales bachianos (el cenit de la producción del compositor, al decir de Boulez) en su *Medusa* e instrumentó posteriormente otros cinco en 1975.

La música de Bach ha demostrado poseer, por tanto, la rara virtud de despertar idénticos entusiasmos en las más variadas coyunturas históricas. Considerada en su día como pasada de moda, no ha perdido tras su resurrección un ápice de su lozanía. La posteridad se inclinó por transformar sus supuestos anacronismos en una desvinculación de cualquier ligazón temporal. De hecho, Bach fue, como veremos, un hombre de su época y estuvo siempre atento e informado sobre todo cuanto de novedoso surgía a su alrededor, pero una gran parte de su música consigue escapar a la mera contingencia histórica y elevarse por encima de ella. Por eso, en manos de Mozart, admite sin dificultad el ropaje clásico; visitada por Reger, se inflama de romanticismo; y, tras los nuevos timbres que le confía Webern, suena irresistiblemente moderna.

Bach asume, no siempre de buen grado, el entorno artístico y profesional que le viene impuesto, pero consigue elevarse por encima de él. Al contrario que Haendel, que viaja por Europa merced a su desahogada situación económica y a su condición burguesa, Bach se ve privado, por ejemplo, de conocer Italia y de departir y tocar con sus músicos, una experiencia vivida por Haendel en su juventud y que marcó profundamente su credo artístico. Nacido en el seno de una saga de músicos-artesanos, perfectos conocedores de los secretos de su oficio, siempre al servicio de la corte o la iglesia, Johann Sebastian prosigue una tradición familiar que habrán de quebrar precisamente sus propios hijos, amantes y practicantes de un cosmopolitismo ilustrado al que su padre hubo de renunciar bien a su pesar. Bach fue un músico en gran medida sedentario en una época en la que instrumentistas, cantantes y compositores recorrían Europa sin cesar.

Aunque en sus tierras nacieron y trabajaron una serie de músicos extraordinarios en la segunda mitad del siglo XVII, Alemania (entendida como concepto geográfico, no nacional, ya que la unificación llegaría mucho más tarde) estaba muy lejos de ser un país con un peso específico relevante dentro del concierto musical europeo, dominado por Francia e Italia, las potencias que marcaban las pautas a seguir y desde donde se irradiaban las nuevas modas, los nuevos estilos. La carrera de Haendel, nacido en Halle, es, por ejemplo, inimaginable fuera de Inglaterra, el país que le brindó las oportunidades necesarias para dar rienda suelta, desde la ópera y el oratorio, a su excepcional talento dramático. La de Bach, asimismo, es indisociable de los diversos puestos que ocupó a lo largo de su vida y que le fueron dictando en cada momento qué tipo de música debía escribir. Pero, al contrario que las de su compatriota, algunas de las partituras bachianas más significativas (sus composiciones esencialmente contrapuntísticas, alentadas por la constante imitación entre las diferentes voces) nacieron sin un destino concreto, sin un público determinado que pagara por oírlas, sin un patrón que las sufragara, sin que su autor llegara siquiera a precisar qué instrumentos debían darles vida (*El arte de la fuga*). Se trataba, en definitiva, de creación pura, una condición que habría de proporcionarles a la larga una vigencia y una aceptación ilimitadas.

El Clasicismo admiró a Bach en secreto, en cenáculos casi privados, como las veladas organizadas en su residencia vienesa por el barón van Swieten —el dedicatario de la biografía pionera de Forkel—, que marcaron profundamente a Mozart. El Romanticismo hizo, sin embargo, profesión pública de admiración y, con la creación de la Sociedad Bach en el primer centenario de la muerte del compositor, en 1850, empezaron a sentarse las bases de la investigación y la publicación de su obra, en su mayor parte inédita. El siglo XX lo entronizó como lo que fue, un músico de síntesis, un crisol cultural, y auspició una segunda edición completa de su obra, realizada en esta ocasión con criterios filológicos mucho más rigurosos. La música de Bach hubo de esperar casi dos siglos para que estudiosos e intérpretes comenzaran a desentrañarla y, de hecho, el primer catálogo completo de su obra (el *Bach Werke Verzeichnis*, conocido con las siglas BWV, realizado por Wolfgang Schmieder) no apareció hasta 1950 y desde entonces no ha cesado de ser objeto de constantes modificaciones, hasta el punto que está llamado a ser reemplazado por el *Bach Compendium* (BC), un nuevo proyecto de ordenación de su obra en varios volúmenes iniciado en 1985, coincidiendo con el tricentenario del nacimiento del compositor.

Las últimas décadas de este siglo están siendo también testigo de una reevaluación de su figura, ya que Bach se ha presentado invariablemente desde el Romanticismo como el paradigma del compositor religioso, que escribe su música, con la *Pasión según San Mateo* como ejemplo supremo, al dictado de su inquebrantable fe luterana. Contra esta visión monolítica y unidireccional se han alzado voces importantes (Friedrich Blume en Alemania, Piero Buscaroli en Italia), que propugnan un enfoque mucho más humanista del compositor, reclamando mayor atención sobre su música instrumental o especulativa y trazando un panorama menos idílico de sus años de estancia en Leipzig, aquellos que coincidieron con su madurez como artista. Lejos de enarbolar a Bach como un estandarte religioso (ha llegado a ser bautizado como «el quinto evangelista»), los defensores de la nueva imagen del compositor prefieren incidir en los aspectos más ignorados por la musicología —en muchos casos, hagiografía— precedente. Así, por un lado, debe recuperarse al Bach de Weimar y Cöthen, desligado casi por completo de cualquier obligación eclesiástica y volcado de lleno en la música instrumental y en la absorción de influencias extranjeras. Por otro, conviene desmitificar al Bach entronizado como Cantor de Santo Tomás, ya que son varias las sendas que apuntan a que nunca llegó a considerar este empleo como la culminación de su trayectoria profesional o como un puesto a la altura de su talla como compositor.

Tantas décadas de olvido causaron estragos, ya

que cuando se quiso recordar apenas había quien pudiera hacerlo con la precisión o el conocimiento de causa necesarios. La primera biografía de Bach apareció en 1802. Su autor, Johann Nikolaus Forkel, se valió de su propia investigación, del *Nekrolog* redactado por Carl Philipp Emanuel Bach y Johann Friedrich Agricola (publicado en 1754 en la *Musikalische Bibliothek* de Mizler) y de la información que le suministraron los hijos del compositor, cuyas respuestas al cuestionario que les planteó fueron en muchos casos dubitativas o contradictorias. Aun así, la obra de uno de los padres de la moderna musicología sigue siendo una referencia obligada para aproximarse a una versión menos contaminada de la vida y, en menor medida, de la música de su compatriota. Corrían los años de las gestas napoleónicas, que despertaron por doquier fervores patrióticos. No debe extrañarnos, por tanto, que Bach aparezca retratado a los ojos de Forkel como un héroe nacional alemán, como el iniciador del dominio y la primacía que iba a ejercer Alemania (entiéndase aquí el concepto como un ámbito lingüístico y cultural) en la música occidental hasta bien entrado el siglo XX. Más tarde llegaron biografías, como la de Carl Heinrich Bitter (1865), o la monumental de Philipp Spitta (1873-79) que, hijas asimismo de su época, incidirían en el germanismo de Bach (se vivían entonces los años del Imperio y la unificación) y que cargarían las tintas en la vertiente sacra del compositor, una imagen que han perpetuado la mayoría de los estudiosos alemanes posteriores (muchos de ellos con fuertes vinculaciones religiosas personales), muy reacios a despojar al compositor de su condición de siervo de Dios y de protestante egregio y, de alguna manera, militante. Pero el establecimiento de una cronología más precisa de sus obras vocales revela que, en los últimos veinte años de su vida, Bach no escribe apenas composiciones religiosas originales, sino que se decanta por reelaborar *—parodiar* es el término técnico— obras anteriores, en muchos casos profanas, retomar intactas o retocar levemente otras escritas para la misma festividad del calendario litúrgico o, sencillamente, valerse de composiciones ajenas, tarea esta última poco gravosa para un músico tan inquieto y bien informado como Bach.

Estos descubrimientos asestaron un duro golpe no sólo a la ordenación cronológica de las obras de Bach establecida por Spitta, sino también a la imagen que se había ido forjando del compositor, basada en su permanente dedicación a la causa y la liturgia luterana. Tantos años sepultado y presa del olvido, Bach pasó a ser pronto para los alemanes algo más que la gloria nacional que reclamara Forkel. Él no se alejó apenas de su entorno natural, como harán más tarde Beethoven o Brahms, «exiliados» en Viena, sino que llevó a cabo toda su carrera profesional en suelo alemán, la opción elegida también por Schumann, Wagner o Mendelssohn, uno de sus principales redescubridores. El carácter religioso de una buena parte de su obra hace que su música trascienda el ámbito de la sala de conciertos para entrar a formar parte de la vida cotidiana de la colectividad. Bach pasa de ser ignorado a convertirse, como Lutero, como Kant, como Goethe, en una de las piedras angulares de la moderna cultura alemana. Lo que antaño fue uno de los principales motivos de que muy pocos fueran conscientes de su grandeza como creador —la música religiosa, marcada por un fuerte sentido utilitario, raramente se imprimía y, por tanto, estaba condenada a no traspasar las fronteras locales en las que veía la luz— acabó por procurarle los cimientos en los que se asentaría su reputación póstuma.

La estrecha vinculación existente entre el órgano y la música de iglesia redundó en esta consideración de Bach como compositor religioso. Consumado virtuoso y experto conocedor de todos los recovecos y los secretos de la construcción del instrumento, muchas de las obras del catálogo organístico de Bach pueden también desgajarse de la iglesia. De hecho, si tal hubiera sido su interés, el compositor podía haber optado por un empleo como organista en alguna de las importantes iglesias del norte de Alemania, ya que los testimonios de sus contemporáneos lo presentan como un maestro inigualado en la improvisación y la ejecución organísticas. Así, muchos de los viajes que realizó tras hacerse cargo de sus obligaciones en Leipzig en 1723 tuvieron por objeto formar parte de los tribunales que examinaban a los aspirantes al puesto de organista titular en una iglesia, asesorar en la construcción o reparación de órganos, comprobar la bondad de los nuevos instrumentos u ofrecer recitales como solista. Sí es cierto, como veremos, que muchas de sus composiciones organísticas parten de melodías de corales luteranos (con un origen, por tanto, religioso), pero el interés de Bach por el instrumento parece consecuencia más de sus ilimitadas posibilidades polifónicas y su poderío expresivo único que de sus connotaciones litúrgicas o su ubicación en las iglesias (¿dónde, si no, podían albergarse las fastuosas maquinarias barrocas de instrumentos como los de Silbermann o Schnitger, dos de los constructores predilectos del compositor?).

Este libro debe, por tanto, leerse a partir de la asunción de dos premisas esenciales. En primer lugar, la música de Bach fue degustada y admirada en vida del compositor en un radio geográfico excepcionalmente limitado. Las contadas publicaciones de sus partituras, sus manuscritos y las copias realizadas por sus alumnos se dispersaron tras su muerte, y la primera edición completa de sus obras conservadas no concluiría su dilatado periplo hasta 1926, más de un siglo y medio después de su muerte. En segundo lugar, Bach no quiso ser en vida, como se ha pretendido, un compositor esencialmente religioso, por más que sus obligaciones durante los años de Leipzig comportaran la creación de un dilatado catálogo sacro y de que la tradición haya presentado como sus obras más emblemáticas aquellas nacidas con la finalidad de satisfacer una necesidad litúrgica inmediata. A pesar de la carencia de un número significativo de documentos contundentes o de testimonios fidedignos —una constante al examinar la vida de Bach—, la realidad debió de encaminarse por otros derroteros.

II

Una mediana vida yo posea,
un estilo común y moderado.

ANDRÉS FERNÁNDEZ DE ANDRADA

Bach se vio precedido por cuatro generaciones de músicos. Su profesión le vino impuesta, por tanto, de algún modo por el peso de su propia historia. Bach se sintió orgulloso de constituir un eslabón más de la saga familiar y de perpetuarla en varios de sus hijos. En 1735, traspasada la frontera del medio siglo de vida, escribe el compositor una genealogía, un *Origen de la familia musical de los Bach*, como él mismo la denomina. En ella no sólo traza los parentescos, numerando uno a uno a sus antepasados y descendientes, sino que da cuenta de sus puestos profesionales (organista, trompetista, músico militar, cantor, músico de corte, músico municipal...) y en algunos casos llega incluso a calificar sus aptitudes musicales («un violagambista muy bueno», «un hábil compositor», «un buen músico», «un profundo compositor», elogio este último reservado para su tío Johann Christoph, muy admirado por Johann Sebastian y uno de los miembros más ilustres de la saga). Se muestra, sin embargo, reservado y discreto con respecto a su propio padre, Johann Ambrosius (1645-95), del que da únicamente su ocupación como «músico municipal y cortesano en Eisenach».

Esta ciudad turingia sería el escenario del nacimiento, el 21 de marzo de 1685, de Johann Sebastian Bach, que se adjudica el número 24 dentro de su propia genealogía de la familia. Se trata del último hijo del citado Johann Ambrosius y de Maria Elisabetha Lämmerhirt. En el mismo año nace en Halle, no muy lejos de allí, Georg Friedrich Haendel y, en «la tierra donde florece el limonero», Domenico Scarlatti: tres genios con una vida y un legado artístico muy diferentes entre sí que iban a coronar el imponente edificio musical barroco. Los caminos de Bach y Haendel no llegaron nunca a cruzarse, aunque aquél intentó en al menos dos ocasiones conocer a éste personalmente, ambas sin éxito. Sí que disfrutaron de la amistad, en cambio, Haendel y Scarlatti, que coincidieron durante el viaje del primero por Italia (llegaron a medir sus habilidades al clave y al órgano en una suerte de duelo interpretativo) y que reanudaron sus encuentros mucho tiempo después entre las páginas festivas del *Concierto barroco* de Alejo Carpentier. Haendel procedía de una buena familia y Scarlatti era hijo de uno de los compositores más admirados de la Europa de su tiempo. Bach, por el contrario, nació en el seno de una familia de músicos conocidos tan sólo en el estrecho marco de su Turingia natal. Él no se encontró abierta de antemano ninguna puerta, salvo la de la sólida educación musical que le proporcionaba su propio entorno familiar. Huérfano de padre y madre desde los diez años, el extranjero o la universidad son opciones absolutamente implanteables para alguien destinado a ganarse la vida haciendo lo único que le permitieron aprender.

Muy poco, o nada, es lo que sabemos de los primeros años de la vida de Bach. Tras morir sus padres, abandona Eisenach y se instala en Ohrdruf en casa de su hermano mayor, Johann Christoph, un alumno de Pachelbel que ocupaba el puesto de organista titular de la Michaeliskirche. A los quince años, Bach se ve obligado a abandonar sus estudios en Ohrdruf por motivos poco claros. El *Catalogus Discipulorum* de su escuela señala que partió el 15 de marzo de 1700 *«ob defectum hospitiorum»*, esto es, «por falta de asilo», de alojamiento, una expresión que ha sido objeto de diversas interpretaciones, aunque la más plausible parece ser que la casa de su hermano —que en aquel año esperaba el nacimiento de su tercer hijo— se había quedado demasiado pequeña para seguir dándole cobijo. Lo cierto es que Bach parte a pie hacia Lüneburg, el próximo destino de su azarosa adolescencia, adonde llega antes del 3 de abril, la fecha en la que ya aparece inscrito en el internado de la Michaelisschule. Bach canta en el coro de la escuela y, como venía haciendo probablemente desde su niñez, absorbe y estudia la música que le rodea. Tampoco en Lüneburg recibe una educación musical específica, aunque debió preocuparse de escuchar con atención la maestría desplegada por Georg Böhm —uno de los grandes nombres de la generación musical precedente a la suya— en la Johanniskirche o por Johann Adam Reincken, organista de la Catharinenkirche en el cercano Hamburgo, quien algún tiempo después, en 1720, escucharía presa del asombro —a pesar de su edad, noventa y siete años, poco amiga de las sorpresas— un recital de más de dos horas ofrecido por Bach en Hamburgo en el que fuera su órgano durante más de medio siglo: el admirador admirado.

El órgano, como intérprete y como estudioso de su compleja morfología, constituyó quizás el interés primordial del joven Bach, que sale triunfante en su primer intento de conseguir un puesto como organista de una iglesia en 1702, el de la Jacobikirche de Sangerhausen. Una recomendación del duque de Sajonia-Weissenfels en favor de otro candidato trunca sus planes y, por motivos que ignoramos, Bach acude en su lugar a Weimar. Allí, como «lacayo» en la corte del duque Johann Ernst, pasa tan sólo unos meses, ya que en el verano de 1703 Bach acude a Arnstadt (a poco más de treinta kilómetros de Weimar) a juzgar la calidad del nuevo órgano construido por Johann Friedrich Wender para la Neuekirche. Su recital público del 8 de julio debió impresionar a las autoridades de la ciudad, ya que tan sólo un mes después del concierto el músico firma un contrato como organista titular de la iglesia. Un buen instrumento a su entera disposición, un sueldo aceptable (y quizás extraordinario a los ojos de quien nunca había tenido nada) y un número reducido de obligaciones tuvieron que favorecer sobremanera tanto el estudio como la creación, dos de las inclinaciones naturales de Bach. Pero su mal carácter, que se tradujo en diferencias de peso con sus superiores y con sus propios alumnos, acabaría provocando su marcha. Antes, aprovechó un permiso de cuatro semanas (que él amplió por su propia cuenta a otros tantos meses) para viajar a Lübeck y escuchar al famoso organista de la Marienkirche, Dietrich Buxtehude, cuyas *Abendmusiken* («Músicas vespertinas») debieron despertar auténtico entusiasmo en el joven compositor.

Sus problemas en Arnstadt hallarán solución, una vez más, no muy lejos de allí, en la ciudad libre de Mühlhausen. El puesto vacante era, en esta ocasión, el de organista titular de la Blasiuskirche. Bach vuelve a superar con éxito el examen pertinente y, tras ver aceptadas sus pretensiones económicas, se establece en la ciudad en el verano de 1707. Pero el destino es efímero, ya que un año después llegará un nuevo traslado, el primero quizás con el que Bach decide imprimir un rumbo diverso a su carrera. Sus intentos de establecer en Mühlhausen una «música sacra bien regulada» se topan con el conservadurismo de las autoridades locales, reacias a admitir lo que a sus oídos sonaban como atrevimientos inaceptables. Ellos mismos habían saludado con júbilo su *Cantata n.º 71*, hasta el punto que decidieron imprimir su música (un privilegio que Bach volvería a disfrutar tan sólo una vez más en el resto de su vida), pero se trata de una obra ligada a una celebración profana (la renovación anual del concejo municipal), no religiosa. En la iglesia, en cambio, Bach no pudo ver satisfechas sus expectativas de que se interpretara la música que él deseaba, muy influida quizás por su asistencia a las *Abendmusiken* de Buxtehude en Lübeck, por lo que debió buscarse una alternativa profesionalmente más atractiva y, por qué no, más exigente. En el verano de 1708 presenta su dimisión en términos amistosos y en ella anuncia ya su próximo destino, la «capilla de la corte y la cámara de música de su Alteza Serenísima de Sajonia-Weimar», a la sazón el príncipe Wilhelm Ernst, el hermano mayor de su antiguo y efímero patrón en la misma ciudad algunos años antes.

Aquí conoce Bach la vida en la corte, aunque no ya como simple lacayo, sino con varios puestos de responsabilidad. El primero cronológicamente fue el de *Hoforganist*, organista de la corte, cuyos cometidos compatibiliza con los de músico de cámara, como intérprete probablemente de violín o viola. En 1714, tras rechazar un posible empleo como organista en Halle, es nombrado *Konzertmeister*, lo que comportaba la composición de música religiosa al menos una vez al mes y de todas aquellas obras profanas o instrumentales que exigiera el normal desenvolvimiento de la vida de la corte (bodas, cumpleaños, visitas regias, etc.). Bach estaba ya a punto, por tanto, de alcanzar el puesto musical de mayor rango, el de

Kapellmeister, una posibilidad que parecía a su alcance cuando murió Samuel Drese, que venía ejerciendo estas funciones desde 1683. El príncipe, tras intentar infructuosamente hacerse con los servicios de Telemann, decidió optar por la solución más conservadora: ofrecer el puesto al propio hijo del compositor fallecido, Johann Wilhelm. La decisión afectó, a buen seguro, a Bach, que debió iniciar pronto los contactos para ocupar en otro lugar el puesto que se le negaba en Weimar.

La oferta habría de llegarle de nuevo de una localidad cercana. Unos cien kilómetros separan Weimar de Cöthen, la ciudad que se convirtió en el escenario de los años quizás más felices de la vida del compositor. El príncipe Leopold de Anhalt-Cöthen, un consumado instrumentista y un cantante notable, conocía a Bach por medio de sus estancias en la corte de Weimar, ya que su hermana había contraído matrimonio en 1716 con el duque Ernst August, que vivía en el Rotes Schloss, el «castillo rojo» adyacente a aquél en el que Bach desempeñaba gran parte de su actividad profesional. Una tentadora oferta económica y la posibilidad de trabajar, por fin, con un patrón que pudiera valorar en su justa medida la música que compusiera para él («un príncipe que amaba y entendía la música», recordará el compositor con nostalgia años más tarde), eran razones más que suficientes para que Bach contestara con un sí rotundo al ofrecimiento formulado en el verano de 1717. Pero el duque Wilhelm Ernst no parecía dispuesto a dejarle marchar tan fácilmente y la insistencia de Bach (soplaban en Europa vientos de absolutismo, no lo olvidemos) acabó por conducirlo a la prisión del castillo, en la que permaneció arrestado desde el 6 de noviembre hasta el 2 de diciembre. Finalmente, casi por la puerta de atrás, Johann Sebastian, su esposa Maria Barbara y sus cuatro hijos viajan a Cöthen.

En su nuevo destino, las cosas adquieren desde el principio un rumbo diferente. En noviembre de 1718 nace un nuevo hijo, Leopold Augustus (el séptimo y último de los habidos en su primer matrimonio, de los que dos habían muerto prematuramente en Weimar) y sus padrinos son el propio príncipe y su hermano, una circunstancia que no se había producido nunca en el anterior destino del músico. Éste goza de libertad para viajar y entre las ciudades que visita se encuentran Leipzig —la ciudad que lo acogería definitivamente—, donde había de informar sobre un nuevo órgano; Berlín, para comprar un nuevo clave para la corte, y Halle, para intentar conocer una vez más, sin éxito, a Haendel. En 1720, con su esposo ausente, muere Maria Barbara y el año siguiente, con tan sólo una semana de diferencia, tendrían lugar dos matrimonios que iban a marcar decisivamente la vida del compositor. En primer lugar, el suyo con Anna Magdalena Wilcke, una reputada cantante que demostró ser una excelente compañera, tanto del hombre —le daría otros trece hijos— como del músico —a ella le debemos varias de las más hermosas copias autógrafas de sus obras. A continuación, el del príncipe Leopold con su prima Friederica Henrietta, que no compartía en absoluto el amor por la música de aquél (una «*amusa*», al decir del propio Bach), lo que sin duda enfrió las excelentes relaciones —no sólo profesionales, sino también de amistad— existentes entre el príncipe y su *Kapellmeister*.

Si los años de Weimar habían sido un tiempo de consolidación dentro del proceso de decantación de un lenguaje organístico propio, o de experimentación en la búsqueda de las formas más adecuadas para la composición de cantatas, Cöthen será el escenario por antonomasia de la música instrumental. Aquí verán la luz obras capitales como los *Conciertos de Brandenburgo*, las *Sonatas* y *Partitas* para violín solo, las *Suites* para violonchelo o la primera parte del *Clave bien temperado*. Alejado casi por completo de la música religiosa, Bach puede dar rienda suelta a su feracidad creativa, que se asienta por igual en una fantasía desbordante como en un exhaustivo conocimiento de las posibilidades expresivas y técnicas de los medios musicales (voces, instrumentos) que tenía a su disposición.

Lo cierto es que, a pesar de la felicidad personal y el más que favorable entorno artístico que le rodeaba, Bach aparece inscrito en 1722 entre los candidatos para suceder a Johann Kuhnau como Cantor de la Thomasschule de Leipzig. El compositor obtuvo finalmente el codiciado puesto, pero no fue, ni mucho menos, el primero en recibir el ofrecimiento por parte de las autoridades lipsienses. Así, Telemann se vio obligado a renunciar al no permitirle sus superiores de Hamburgo abandonar su puesto. Idénticos motivos le impidieron a Johann Christoph Graupner convertirse en el titular de la cantoría. Finalmente, en su tercer intento por cubrir la vacante dejada por Kuhnau, el 22 de abril de 1723 el concejo resolvió proponer formalmente el puesto a Bach, que lo aceptó, a pesar de que para entonces ya había fallecido la esposa del príncipe Leopold, lo que podía hacerle abrigar esperanzas de que las aguas volvieran a su antiguo cauce, aquél que propiciara su esplendor creativo en los años precedentes.

Sea como fuere, Bach hizo las maletas, ya por última vez, y puso rumbo a Leipzig, la ciudad con la que la posteridad ha preferido unir su nombre, no sólo por lo dilatado de su estancia allí —veintisiete años—, sino porque fue en la localidad sajona donde escribió muchas de sus obras más representativas. Ya se ha hecho referencia a la imagen que hemos heredado de Bach como compositor eminentemente religioso, como músico devoto al servicio de la iglesia luterana. En favor de esta visión se encuentra, por supuesto, no sólo el hecho de que Bach pusiera fin a una vida caracterizada hasta entonces por los constantes traslados (aunque sin alejarse del ámbito geográfico en el que nació), sino también el vasto catálogo litúrgico nacido a partir de 1723. En contra, fundamentalmente, uno de los pocos documentos conservados en los que Bach nos muestra su faceta más personal e íntima, la que nos es más desconocida. Se trata de una carta enviada a su amigo Georg Erdmann el 28 de octubre de 1730 y que conviene sacar ahora a colación porque arroja mucha luz tanto sobre los motivos que indujeron a Bach a dejar Cöthen como sobre la realidad de su situación en Leipzig cuando el compositor apenas podía albergar ya dudas sobre los pros y los contras que la aceptación del puesto de cantor podía tener en relación con su devenir creativo y con su propia vida privada.

«Me hubiera gustado poner fin a mis días» con el príncipe Leopold, le confiesa Bach sin rubor a su amigo Erdmann, compañero de clase en los lejanos días de Ohrdruf y Lüneburg, y ahora diplomático en Danzig. De sus palabras se deduce que el músico consideraba aquel puesto de *Kapellmeister* como la culminación de su carrera, por lo que «al principio no me pareció del todo adecuado convertirme en *Kantor* después de haber sido un *Kapellmeister*». Pero Bach, consciente de las limitaciones a las que él tuvo que hacer frente en su adolescencia, quiere que sus hijos, que «parecen inclinados al estudio», puedan recibir una formación completa y, sobre todo, que tengan la posibilidad de acceder a la universidad. Se resigna, por ello, a dejar Cöthen y aceptar un puesto que acabaría resultando ser «de lejos, menos atractivo que como me había sido descrito». Para colmo, confiesa que «las autoridades son raras y poco amantes de la música, por lo que me toca vivir en medio de constantes altercados, celos y persecuciones». A renglón seguido, y a resultas de todo lo expuesto, le pide a su amigo que inicie las gestiones necesarias para buscarle otro puesto de trabajo.

Éste nunca llegaría y las dos próximas décadas seguirían siendo testigo de los sinsabores y las frustraciones de Bach. Sus cargos de *Director Musices* de la ciudad de Leipzig y *Kantor* de la Thomasschule comportaban no sólo obligaciones estrictamente artísticas, sino también un sinnúmero de tareas burocráticas y administrativas, algunas tan poco relacionadas con el quehacer musical como supervisar las comidas, velar por la disciplina de los alumnos de la escuela o enseñar latín. Bach no era, al parecer, persona paciente y reaccionaba con acritud cuando veía limitados sus derechos o cuando las reivindicaciones que creía justas se topaban con la incomprensión. Sus años de Leipzig están surcados de desavenencias, desencuentros y discusiones con sus superiores, especialmente con el rector Johann August Ernesti, que al acceder al cargo quiso restar de manera significativa la importancia que tenía la música en el currículum de la Thomasschule, y con quien Bach tuvo una larga y amarga diatriba relacionada con la potestad del cantor para nombrar prefectos. Apenas nos han llegado documentos reveladores de la faceta más personal de Bach, pero, paradójicamente, se conservan hasta seis detallados escritos elevados por el compositor al Concejo de Leipzig al hilo de su enfrentamiento con Ernesti, una disputa a la que pondría fin nada menos que el rey de Polonia y Duque Elector de Sajonia, Federico Augusto II.

Sabiéndose condenado de algún modo a permanecer en Leipzig, un puesto que cada vez le brinda menos satisfacciones, Bach opta por una suerte de doble exilio. El exterior consiste en la obtención de títulos, siquiera honoríficos, en cortes importantes fuera de Leipzig. Así, conservó el de *Kapellmeister* (no residente) de Cöthen y, un año después de la muerte, en 1728, del príncipe Leopold (con quien siguió manteniendo una relación profesional y en cuyas exequias fúnebres participó junto a Anna Magdalena), se aseguró un nombramiento idéntico en la corte de Weissenfels. Muerto su protector, el duque Christian, en 1736, Bach apuntó más alto y el 19 de noviembre de aquel año consiguió un nuevo título honorífico, el de «Compositor de la Capilla de la Corte» del rey de Polonia. Un nombramiento, como los anteriores, con poca o ninguna trascendencia práctica, pero que, al igual que había hecho antes, utilizó en las portadas de sus publicaciones. Este último reforzó sin duda su posición de cara a las autoridades lipsienses y facilitó que el rey firmara en diciembre de 1737 un decreto que puso fin a su largo y acerbo enfrentamiento con Ernesti.

El exilio interior tuvo lugar en el propio Leipzig y halló cauce en diversas manifestaciones. La primera fue la intensa actividad que llevó a cabo Bach al frente del Collegium Musicum, una institución fundada por Telemann en 1702 e integrada por estudiantes de la universidad y músicos profesionales. Ajeno a cualquier tipo de imposición externa o de comportamientos reglados, Bach ofrecía con su agrupación conciertos públicos todas las semanas, amén de participar en fiestas (profanas) señaladas. Aquí encontró Bach probablemente un caldo de cultivo propicio para experimentar (los conciertos para clave fueron compuestos o transcritos con destino al Collegium Musicum) y para componer su música más festiva (la famosa *Cantata del café*) y, según las últimas investigaciones, varias de las obras instrumentales que se venían asignando tradicionalmente a los años de Cöthen. Otra manifestación, ligada de algún modo a la primera, fue el progresivo abandono de su faceta de compositor religioso. A partir de 1728 no escribe más que catorce cantatas originales, es decir, un promedio de casi una cada dos años, mientras que en el primer lustro de su cantoría en Leipzig, en plena efervescencia creadora, debió de alumbrar prácticamente una por semana. Bach siguió siendo el principal responsable de la interpretación de la música religiosa que sonaba en Leipzig (especialmente en las dos iglesias más importantes, Santo Tomás y San Nicolás), pero su interés por escribir obras nuevas con destino a la liturgia semanal se quebró abruptamente, quizás al mismo tiempo que fue plenamente consciente de las desilusiones de las que hizo partícipe a Erdmann en su carta de 1730.

Este segundo exilio interior consistió, por tanto, en el confinamiento de su labor creadora no a las obligaciones derivadas de su cargo (actitud que había venido siendo una constante desde los comienzos de su carrera), sino a la propia satisfacción personal y a la configuración de un legado artístico imperecedero. La composición y publicación de las diversas partes del *Clavier-Übung*, integradas en todos los casos por obras para teclado (clave u órgano) que tenían entre sus objetivos darle a conocer en un radio geográfico más amplio, la segunda parte del *Clave bien temperado*, la finalización de la *Misa en Si menor*, los alambicados cánones de los últimos años, la *Ofrenda musical* y *El arte de la fuga* son obras desligadas por completo tanto de sus obligaciones al frente de la cantoría de la Thomasschule como de la cambiante coyuntura histórica, que comenzaba a apuntar en una dirección estilística muy diferente.

Bach se vuelca en esta última década de su vida en el estudio de los grandes maestros del pasado y en la experimentación contrapuntística, un arte que había demostrado dominar desde sus primeras obras pero que, cerrados otros caminos, quiso finalmente desentrañar como nadie hasta entonces lo había intentado. Su vida en la última década de Leipzig apenas arroja noticias reseñables, refugiado como estaba en un proceso de progresiva desvinculación de su entorno profesional y en una vida familiar marcada por el constante sucederse de nacimientos (su último hijo nacería en 1742). Dos hechos, sin embargo, requieren mención especial. Ambos tuvieron lugar en 1747: el primero, su ingreso como miembro de la Sociedad de Ciencias Musicales fundada por Lorenz Christoph Mizler, un antiguo alumno de Bach, lo que comportó al menos la composición de un *canon triplex* a seis voces (el que aparece entre sus manos en el retrato al óleo de Elias Gottlob Haussmann, el único que puede certificarse como auténtico) y de una de sus obras maestras, las ya citadas *Variaciones canónicas sobre «Vom Himmel hoch»*; el segundo, su visita a la corte de Federico el Grande en Potsdam, en la que trabajaba como clavecinista su hijo Carl Philipp Emanuel, que dio lugar a su vez a la composición de la *Ofrenda musical*, de la que volveremos a ocuparnos al final del libro.

Bach no padeció, aparentemente, problemas graves de salud hasta que sus ojos comenzaron quizás a pasarle factura por tantos años volcado en concebir o desentrañar los manuscritos musicales propios o ajenos. Dos operaciones (realizadas, ironías del destino, por el mismo oftalmólogo-curandero que habría de operar a Haendel en 1758) debieron minar definitivamente su salud y el 28 de julio de 1750 sufrió un infarto seguido de unas fiebres altísimas que pusieron fin a su vida sin que tuviera siquiera tiempo de redactar su testamento. Haendel, su desconocido y estricto coetáneo, le sobreviviría aún nueve años y Londres lloraría amargamente su pérdida. Previamente, el tercero de los ilustres hijos del venturoso año de 1685, Domenico Scarlatti, había entonado ya su último adiós en 1757 en la calle de Leganitos de Madrid.

III

Traspassa el aire todo.

FRAY LUIS DE LEÓN

Aunque dominó y tocó habitualmente también otros instrumentos, el órgano fue el más fiel compañero de viaje de Johann Sebastian Bach. Tras abandonar Weimar en 1717, no volvió a ocupar ningún otro puesto oficial como organista, pero sí siguió ofreciendo recitales, asesorando en la construcción y reconstrucción de instrumentos y, sobre todo, escribiendo obras nuevas o revisando otras antiguas hasta los últimos años de su vida.

El Renacimiento nos legó un repertorio organístico de una calidad extraordinaria, pero fue el Barroco el que asistió a una eclosión del instrumento que no volvería a encontrar parangón en períodos artísticos posteriores. Su poderío sonoro, la inagotable diversidad tímbrica que aportan sus registros y sus inmensas posibilidades polifónicas se adecuaban como anillo al dedo a los requerimientos expresivos de una época amante de los grandes contrastes y de los juegos afectivos y retóricos. El órgano podía mudarse de delicado confidente que susurra dulcemente una sencilla melodía (piénsese, por ejemplo, en los corales del *Orgelbüchlein* bachiano) en un trasunto amedrantador de la majestuosidad y la grandeza divinas (la *Toccata y fuga BWV 538*). Su imponente maquinaria —hija de un tiempo proclive, asimismo, a los vastos espacios y las construcciones especulativas— es a la par el triunfo del espíritu humano y la encarnación del ansia de crear a partir de la nada a imagen y semejanza de Dios.

En el caso de Bach, esta dicotomía está presente en todo momento. Por un lado, su *corpus* organístico puede dividirse en grandes líneas en las obras conectadas de un modo u otro con la liturgia (o, en otras palabras, las que tienen como sustancia o como trasfondo un coral luterano) y en las partituras que podríamos calificar de abstractas, en las que Bach no contó con otro material que no fuera su propia fantasía como punto de partida. En unas el órgano glosa, comenta, explica, varía o simplemente acompaña la melodía coral, lo que hace de él de alguna manera un instrumento al servicio de la liturgia o, en sentido más amplio, de la fe luterana. En otras es la propia época la que expresa su idiosincrasia y su variedad de formas, artificios y estilos a través de una de sus voces más representativas, al margen por completo de credos religiosos. En ambos casos es Bach, por supuesto, quien habla y no sería bueno establecer fronteras rígidas entre uno y otro edificio, ambos de proporciones colosales. Así, una obra nacida a partir de un coral luterano, las *Variaciones canónicas sobre*

«Vom Himmel hoch», no posee ninguna otra connotación litúrgica que la aparición de la melodía coral en cada una de las variaciones como *cantus firmus*. Su destino primero fue, de hecho, una sociedad volcada en desentrañar los aspectos científicos y matemáticos de la música, un propósito bien alejado del culto divino. En el órgano encuentra Bach, por tanto, el fiel compañero de la congregación, previo, posterior o coetáneo del canto de los corales durante el oficio luterano, y el aliado indispensable para alumbrar sus construcciones polifónicas y contrapuntísticas más ambiciosas. Al contrario que el clave, el órgano puede mantener una nota indefinidamente (basta con mantener pulsada la tecla, lo que permite el paso ininterrumpido de aire hacia los tubos), una cualidad que resulta insustituible en una gran parte de las piezas organísticas de Bach (piénsese, por ejemplo, en las melodías corales que aparecen como *cantus firmus*, es decir, como una melodía prominente y casi desgajada del resto de las voces, a menudo en valores largos). Otra ventaja decisiva con respecto al clave era, por supuesto, la posibilidad de contar con una voz adicional —la que prestan los pedales del instrumento, manejados con los pies—, aparte de las que puedan obtenerse con las dos manos sobre uno o más de los teclados («manuales») con los que suele contar el órgano barroco, lo que no obsta para que muchas de las piezas de Bach puedan y deban tocarse (así lo indica el autor en alguna ocasión) *manualiter*, esto es, sin utilizar en ningún momento los pedales.

El catálogo organístico de Bach presenta un sinfín de incógnitas, no sólo en relación con su datación o con las circunstancias que rodearon su creación, sino también con la propia autoría bachiana de un buen número de obras, como la famosísima y paradigmática *Toccata y fuga en Re menor BWV 565*, de la que no puede afirmarse a ciencia cierta que fuera compuesta por el músico de Eisenach. Un reducido número de autógrafos y las únicas obras impresas en vida del autor (la tercera parte del *Clavier-Übung*, los *Corales «Schübler»* y las citadas *Variaciones canónicas*) constituyen los únicos casos en los que aparece despejada toda sombra de duda. Muchas otras piezas nos han llegado en copias dispersas, a veces contradictorias entre sí (una misma obra se conserva, por ejemplo, en dos tonalidades diferentes) y a menudo de manera fragmentaria (un preludio desgajado de una fuga, o viceversa).

El *Orgelbüchlein* nos presenta a Bach en una de sus facetas más frecuentadas y, quizás, queridas: la de pedagogo. «Pequeño libro de órgano, en el que el organista principiante se inicia en las maneras más diversas de elaborar un coral y al mismo tiempo en adquirir facilidad en el estudio del pedal, ya que en los corales que aquí se contienen el pedal se trata como enteramente obbligato»: éste es el título de una colección concebida en un principio para albergar 164 corales, ya que Bach inició su obra anotando los títulos en la parte superior de cada una de las páginas del manuscrito autógrafo que ha llegado hasta nosotros.

Pero el proyecto —iniciado en los años de Weimar— quedó inacabado, ya que el libro contiene únicamente la música de 46 (en la práctica 45, ya que *Liebster Jesu* conoce dos versiones casi idénticas, catalogadas como BWV 633 y 634), correspondientes a los domingos y fiestas de casi la totalidad de un año litúrgico completo. Las piezas sobresalen por su concisión y por su extraordinaria economía de medios. Bach no se limita únicamente a una sencilla armonización vertical a cuatro voces, sino que teje en cada caso un contexto sencillo, pero plagado de sutilezas melódicas, en el que destaca siempre la melodía del coral, que puede recibir un tratamiento canónico (BWV 629), adoptar la forma de un elaborado recitativo (BWV 614), aparecer como un *cantus firmus* en el seno de un denso entramado polifónico (BWV 611) o simplemente ubicarse en todo momento en la voz superior en su forma original (BWV 644, el que cierra la colección).

El tratamiento del preludio coral difiere por completo en las 21 piezas de este tipo contenidas en la tercera parte del *Clavier-Übung*, publicado en Leipzig en 1739. Bach abandona aquí su faceta de miniaturista y se embarca en un proyecto más ambicioso. La colección se ordena en dos grupos bien diferenciados: nueve preludios parten de melodías del Kyrie y el Gloria luteranos, mientras que los doce restantes se valen de seis himnos asociados a diferentes preceptos del catecismo de Lutero. Cada uno de ellos conoce una doble versión: una más compleja con inclusión de pedal *obbligato* y otra de extensión más reducida sin él (*manualiter*). El coral es aquí no tanto eje sino excusa, accidente y no sustancia, lo que explica que en muchos de los casos la melodía se esconda y difumine en medio de severas y arduas construcciones contrapuntísticas, que en determinados corales revisten la forma de fugas indisimuladas (BWV 686 y 689), algo que no sucede en otra de las colecciones impresas en vida de Bach, los famosos *Corales «Schübler»*, que deben su nombre al editor de Zella que los imprimió en 1748-49. Se trata, en al menos cinco de las seis piezas, de transcripciones de movimientos de otras tantas cantatas (las BWV 6, 10, 93, 137 y 140). En esta ocasión los corales, expuestos espaciada y solemnemente a la manera de un *cantus firmus*, vuelven a ser el auténtico centro de la composición, aunque las texturas diáfanas que presentan las piezas y la riqueza melódica que las rodea (como en la obra que abre la colección) es tal que asistimos a una suerte de coprotagonismo entre las dos voces principales.

En sus últimos años de Leipzig, caracterizados por la revisión de obras anteriores, Bach retomó también un grupo inconexo de 17 corales escritos probablemente en Weimar. En esta ocasión se decanta por recapitular métodos diversos de construir un preludio coral, que van desde el melodismo envolvente utilizado en los *«Schübler»* (BWV 654), las formas fugadas que hacían su aparición en el *Clavier-Übung* (BWV 652), la aparición del coral como *cantus firmus*

(BWV 658) o la eficaz concisión y simplicidad heredada del *Orgelbüchlein* (BWV 667). El hecho de que una misma melodía coral (*An Wasserflüssen Babylon, Nun komm' der Heiden Heiland* o *Allein Gott in der Höh' sei Ehr*, por ejemplo) reciba dos o incluso tres tratamientos musicales completamente diferentes nos indica hasta qué punto puede disociarse en muchos casos el contenido religioso del texto de su glosa organística. Dicho en otras palabras, Bach, especialmente en sus obras o en sus revisiones de la época de Leipzig, solía servirse de las melodías corales como punto de partida de construcciones musicales con numerosos guiños abstractos, desasidas en muchos casos de su mensaje litúrgico. Algo parecido puede predicarse de las cuatro grandes partitas corales, que abren y cierran prácticamente su *corpus* organístico. Tres de los ciclos están fechados en sus años de Lüneburg o Mühlhausen (con las colosales once variaciones sobre *Sei gegrüsset, Jesu gütig BWV 768* a la cabeza) y nos muestran a un Bach aún balbuceante estilísticamente, pero que sabe manejarse con toda solvencia en el ámbito de la gran forma y que recoge el testigo del arte de la variación tal y como lo practicó Georg Böhm, a quien debió escuchar en más de una ocasión durante su estancia en Lüneburg. El último ciclo, las cinco *Variaciones canónicas BWV 769*, ya ha venido a estas páginas en más de una ocasión. Se trata no en vano de un significativo canto del cisne con una fuerte componente especulativa de quien, para entonces (*ca.* 1748), había logrado ya desentrañar todos los secretos del órgano, amén de constituir, desde el primer hasta el último compás, una verdadera lección magistral en el dominio de un contrapunto imitativo venturosamente despojado de cualquier atisbo de aridez.

Existe, además, por supuesto, un Bach organístico decidida e inequívocamente profano que se encarna en una serie de obras a menudo sin ninguna conexión entre sí y que fueron compuestas en la mayoría de los casos para el lucimiento del virtuoso aplaudido y admirado en las iglesias más importantes del norte de Alemania. También ahora nos quedamos perplejos ante la variedad de estilos, de formas cultivadas por el músico de Eisenach. Quien busque el epítome del lenguaje organístico barroco lo encontrará aquí, en estos preludios y fugas, en estos conciertos, en estas sonatas en trío, en estas fantasías, en la deslumbrante *Passacaglia y tema fugado BWV 582*. En todas ellas asoman facetas diferentes del arte de Bach. Las seis *Sonatas en trío BWV 525-530*, por ejemplo, vuelven a ser un instrumento pedagógico de primer orden. Escritas, según Forkel, para la instrucción organística de su hijo Wilhelm Friedemann Bach (quien habría de ser otro consumado virtuoso del instrumento, aunque un guardián poco celoso del patrimonio musical de su padre que le correspondió tras su muerte), siguen siendo en la actualidad un compendio insuperado de los problemas técnicos que debe solventar un organista para enfrentarse al reto nada desdeñable de tocar, con absoluta independencia, la música confiada a las dos manos y a los pedales. Influidas evidentemente por las texturas transparentes de la sonata en trío italiana (en la que cada una de las tres voces aparece confiada a un instrumento diferente), estas obras huyen por lo general de las complejidades del contrapunto imitativo (con alguna excepción, como el tercer movimiento fugado de la *Sonata BWV 526*, que Mozart transcribiría para trío de cuerda), refugiándose en su lugar en la infinita potencialidad melódica del instrumento. Pero su aspecto inocuo no debe llamarnos a engaño, ya que bajo la aparente sencillez de su lenguaje subyace un verdadero ejercicio de virtuosismo para el intérprete.

En los preludios (o fantasías, o *toccatas:* una improvisación más o menos libre a fin de cuentas; el Barroco nunca fue muy amigo de la precisión terminológica) y fugas conviven el Bach más arcaizante, el heredero natural del arte de Buxtehude, Pachelbel, Böhm o Lübeck, con el Bach más atrevido e innovador, el amigo de caminar flanqueando las normas. En los primeros el músico despliega su fantasía, en ocasiones de manera ordenada y serena (*Preludio y fuga BWV 547*) y en otras en medio de un constante requiebro de retorcimientos cromáticos (*Fantasía BWV 542*). Los títulos son a veces engañosos y, a la manera de los maestros antiguos, como Buxtehude, encontramos muchas más de las dos secciones que anuncia el título (como las cinco que integran el díptico BWV 551 o las dos fugas que conviven en el seno del *Preludio BWV 544)*. Es fundamentalmente en estas obras donde Bach extrae del órgano todas sus posibilidades sonoras, donde el instrumento se recubre de un ropaje inequívocamente barroco, se impregna del *stylus phantasticus* de Buxtehude y se lanza a una exhibición, casi siempre hercúlea, de un poderío sobrehumano. El aire, que creíamos ingrávido, parece cobrar peso y caer como una losa sobre el atribulado oyente, reducido casi a la nada en el inmenso espacio en el cual, desde lo alto, el órgano muestra ufano su aspecto imponente. Escúchese, por ejemplo, en la escenografía adecuada, una obra como la *Toccata y fuga BWV 538*: en un principio subyuga, más tarde atrapa y, por último, irremisiblemente, aplasta. La solidez del entramado arquitectónico y del discurso musical son tales, tan grande la lógica con la que éste se encamina a su fin, que no cabe otra opción que sucumbir ante semejante demostración de una fuerza en absoluto reñida con la poesía. En una obra juvenil como la *Passacaglia y tema fugado BWV 582*, por ejemplo, la cohesión del conjunto de la obra es aún mayor, ya que tras veinte variaciones construidas sobre ocho notas del bajo que se repiten implacablemente (expuestas en solitario al comienzo de la obra por el pedal) en un clima expresivo de intensidad creciente, Bach construye una fuga monumental que toma como sujeto los cuatro primeros compases del tema que alentó toda la construcción previa de la *passacaglia* (una forma musical típicamente barroca, semejante a la chacona).

Pero también hay lugar para la luz en el legado organístico del compositor alemán. Ésta llega, cómo no, del sur, de la Italia que Bach nunca conoció pero cuya música estudió con verdadera fruición, especialmente en sus años de Weimar y Cöthen. Tres transcripciones de conciertos de Antonio Vivaldi (dos tomados de *L'estro armonico*, la colección que sentó los fundamentos del concierto con solista barroco) y dos, uno de ellos incompleto, del príncipe Johann Ernst, el sobrino de su patrón en Weimar, transforman el órgano de Bach en un instrumento luminoso, cantable, cercano. Tan sólo las sutilezas propias de un genio separan los originales de su traslación organística, nacida probablemente para la educación del propio Johann Ernst, un músico de fuste. Pero estas cinco obras (BWV 592-6), aparte de su belleza incontestable, poseen el aliciente de situarnos en el polo contrario de las sesudas y rocosas construcciones contrapuntísticas referidas más arriba. Nos brindan, en fin, el complemento necesario para contemplar como un todo plural y coherente la aventura organística más apasionante de la historia de la música occidental.

IV

Cansado siervo de Dios
siervo en la sombra.

FÉLIX DE AZÚA

«Quise hacer del canto algo totalmente alemán», afirmó Lutero en relación con su deseo de suprimir el latín en los cantos eclesiásticos. El fruto musical más importante de la reforma luterana fue precisamente el nacimiento de los corales, surgidos en forma de sencillas melodías que podían ser fácilmente aprendidas y cantadas por la congregación. Inteligibilidad de los textos y participación activa de los fieles comportaron un distanciamiento significativo respecto de la liturgia católica, donde la música sacra había alcanzado tales cotas de refinamiento y complejidad que la Contrarreforma se vio obligada a poner coto a la progresiva desvinculación entre arte y realidad. Acompañados de textos alemanes en verso ajustados a la música por medio de una distribución silábica, los corales servían, de nuevo en palabras del reformador, para que «la palabra de Dios permanezca viva en los corazones por medio de la canción». La finalidad de estas canciones devotas y espirituales era a un tiempo didáctica, religiosa y, en cierto modo, propagandística, ya que el coral («el verbo sonoro del espíritu luterano», en definición de Thomas Mann) acabó convirtiéndose en el más eficaz vehículo de transmisión de las ideas reformistas. La impresión que el coral ofrece al oyente es, pues, de gran firmeza y robustez, certero reflejo de la fe que pretende simbolizar, de la unidad de todos los creyentes (no olvidemos las fuertes connotaciones nacionalistas de la Reforma) y de la imagen luterana de Dios o Cristo como una roca, como una fortaleza. Su esquematismo, su estructura musical apenas apuntalada, permitieron también edificar sobre él, o a partir de él, un buen número de los géneros instrumentales y vocales más representativos del Barroco alemán, aquellos que consiguieron también otorgarle personalidad propia frente a los estilos dominantes irradiados de continuo desde Francia e Italia. Entre los primeros destacan algunas de las formas organísticas referidas someramente en el capítulo anterior; entre los segundos, el molde musical más profusamente cultivado por Bach a lo largo de su vida: la cantata.

Se trata —su propio nombre lo indica— de una pieza para ser cantada, al igual que la sonata o la toccata son obras destinadas a ser tañidas por instrumentos. El término no comenzó a utilizarse en Alemania para designar a las composiciones sacras interpretadas durante la celebración de la liturgia hasta comienzos del siglo XVIII, el momento histórico en que surgen también las primeras obras compuestas a partir de la alternancia recitativo-aria característica de las cantatas profanas italianas, una suerte de escisión a pequeña escala de la revolución vivida a comienzos del siglo XVII y que dio lugar al nacimiento de la ópera. Anteriormente, la cantata se conocía en Alemania con nombres como motete (la denominación original de la BWV 71 de Bach, una obra de concepción muy diferente a la de los siete motetes que se conservan del compositor, construidos según las reglas de la «primera práctica», esto es, del contrapunto severo, con total ausencia de efusiones vocales solistas), concierto sacro (introducido por Schein y llevado a su esplendor por Schütz) o, simplemente, *Kirchenmusik*, música eclesiástica. La mayoría de edad del género llegó de la mano de la publicación en 1700 de los primeros textos de cantatas del poeta y teólogo Erdmann Neumeister, que conformó un modelo fuertemente influido por la ópera e integrado por seis o siete números independientes en los que alternaban coros, recitativos y arias, con el canto colectivo del coral luterano como colofón final. El propio Bach, cuyas cantatas se entroncan de lleno en la gran tradición luterana, utilizó textos de Neumeister en sus *Cantatas BWV 18, 24, 28, 59* y *61*.

La cantata solía interpretarse entre el evangelio y el sermón, por lo que los textos solían hacer referencia más o menos expresa al primero. En ocasiones era un coral luterano el que articulaba el eje musical y textual de la totalidad de una cantata (denominada, por ello, cantata coral), como sucede en las *Cantatas BWV 4* (basada en un coral del propio Lutero,

Christ lag in Todesbanden) o *BWV 137*. Pero a pesar de esta impronta decididamente alemana, la influencia meridional se hace sentir con claridad en el recitativo y el aria, dos creaciones genuinamente italianas que vertebran una gran parte del contenido musical de la obra. De hecho, la división en arias (generalmente *da capo*, en las que se repetía la primera de dos secciones contrastantes entre sí), ariosos (arias mucho menos elaboradas vocalmente y, por lo general, con un acompañamiento instrumental menos ambicioso), recitativos (pasajes declamados silábicamente sobre un bajo continuo), coros (ubicados por regla general al comienzo de la obra) y corales (en muchos casos, una sencilla armonización vertical a cuatro voces) se mantiene intacta, por ejemplo, en las dos Pasiones que conservamos de Bach, las escritas sobre los relatos evangélicos de San Juan y San Mateo. Únicamente el tema abordado —la pasión y muerte de Cristo—, un planteamiento estructural determinado por el hilo narrativo y la mayor extensión de su plasmación musical constituyen diferencias significativas con respecto a las características formales y musicales de las cantatas.

Cerca de dos centenares de obras —muchas más se han perdido en el camino hasta nosotros— se resisten, e incluso rechazan de plano, cualquier intento de abordarlas con un enfoque homogeneizador. Bach, lejos de atenerse a un patrón repetido invariablemente, despliega en sus cantatas todo un alarde de variedad musical. Tan sólo algunos rasgos —la primacía del aria *da capo*, la presencia permanente del coral, la austeridad musical del recitativo— se mantienen como constantes unificadoras a lo largo de este conjunto enciclopédico del arte vocal barroco. Por las arias, por ejemplo, desfilan para acompañar las evoluciones del solista todo tipo de instrumentos *obbligati* (de cuerda, de viento, incluso el órgano) en variedades que en muchos casos (violino piccolo, oboe da caccia, oboe d'amore, corno da tirarsi) cayeron pronto en desuso; la cantata se inicia en ocasiones con una sinfonía exclusivamente instrumental (BWV 4, 12, 18, 21, 29, 42, 146, 182); coro y coral se entrelazan en un solo movimiento (como en el famosísimo coro conclusivo de la *Cantata BWV 147*); las arias se transforman en dúos (como en el diálogo entre soprano y bajo de la *Cantata BWV 63*, o el que idénticas voces tejen en torno a una melodía coral al comienzo y al final de la *Cantata BWV 58*) o tríos (BWV 38 y 150); los recitativos se intercalan con un coro (BWV 27), o un coral hace su súbita aparición en el curso normal de un aria (BWV 158).

Estamos, como sucede siempre con la música litúrgica, ante música funcional que, en manos de Bach, conoce una de sus manifestaciones artísticas más elevadas, transida como está no sólo de una riqueza artística sin precedentes, sino también de un rosario de guiños retóricos y afectivos. La afinidad de Bach por el género queda de manifiesto ya en las primeras cantatas, nacidas durante su estancia en Mühlhausen. A pesar de su carácter pionero, y de que alberga elementos claramente arcaizantes (como una instrumentación integrada por violas da gamba y flautas dulces), la *Cantata BWV 106*, escrita quizás para el funeral de un pariente del propio compositor, es una obra maestra de contención expresiva y planificación formal, cuya enorme carga poética puede parangonarse con cualquiera de las grandes creaciones de Leipzig. Algo parecido puede predicarse de la *Cantata BWV 4*, otra de sus creaciones cimeras de juventud, en la que el coro juega un papel primordial en comparación con obras posteriores y en la que la escritura vocal se ve constreñida por una sobriedad que no redunda en ningún caso en detrimento de su emotividad.

Las cantatas de los años de Weimar nos revelan, por su parte, a un Bach mucho más italianizante, más proclive a la elección del aria *da capo* y a la experimentación con un amplio espectro de instrumentos *obbligati*, una consecuencia lógica de su contacto permanente con la orquesta de la corte de Weimar. La extraordinaria *Cantata BWV 21*, que Bach retomaría en varias ocasiones en Leipzig, constituye un buen ejemplo del cambio operado por el compositor. De grandes proporciones, se encuentra dividida en dos partes y precedida de una sinfonía instrumental. El aria para soprano, «Seufzer, Tränen, Kummer, Not», cuenta con un idiomático acompañamiento a cargo del oboe y se adentra en unos territorios expresivos (de la mano, en buena medida, de un fuerte cromatismo) que hasta entonces Bach había reservado para sus páginas instrumentales. El recitativo acompañado de la *Cantata BWV 168* alcanza, asimismo, unas cotas de intensidad que raramente aquél había permitido asomar en sus cantatas de Mühlhausen.

Su nombramiento como Cantor de la Thomasschule coincidirá con un auténtico estallido creativo. Las *Cantatas BWV 22* y *23* constituyen la tarjeta de presentación de Bach ante el concejo lipsiense. Interpretadas el 7 de febrero de 1723, sirven de pórtico a la frenética actividad de los próximos cuatro años, en los que Bach compone al menos tres ciclos completos de cantatas que cubren los domingos y las fiestas más señaladas del calendario litúrgico. El primero de estos ciclos se inició con la *Cantata BWV 75*, escrita para el primer domingo después de la Trinidad; el segundo, con la *Cantata BWV 20*; el tercero, que presenta una mayor discontinuidad en la composición, se inició en 1725 con la *Cantata BWV 110* y se cerró en 1727 con la *Cantata BWV 84*. A partir de entonces, las nuevas cantatas surgen sólo de manera esporádica y en ocasiones se trata simplemente de adaptaciones de obras profanas o instrumentales anteriores, lo que plantea serias dudas sobre hasta qué punto pueden ponerse algunas de estas obras como ejemplo máximo de arte religioso. En otros casos, y con objeto de que nunca faltara una cantata en las iglesias de San Nicolás o Santo Tomás, donde se interpretaban alternativamente cada semana, Bach recurrió a obras de otros compositores, como las 17 cantatas de su sobrino Johann Ludwig Bach, en activo en Meiningen. Estilísticamente, las cantatas de Leipzig siguen reclamándose a un tiempo herederas y transgresoras de la tradición. Entre las novedades reseñables figura la elección del diálogo entre soprano y bajo como elemento sustanciador de la música (BWV 32, 49, 57 y 58), la profusión de obras para el lucimiento de un único solista vocal (BWV 35, 52, 55, 56, 82, 84 y 170) o la reutilización de fragmentos de obras instrumentales, que pueden dar lugar a sinfonías (BWV 146), coros (BWV 110) o incluso arias (BWV 169). No resulta extraño que Bach se sintiera en más de una ocasión presionado por el tiempo, ya que la composición de una cantata semanal no suponía más que una pequeña parte de sus obligaciones como cantor de la Thomasschule y Director Musices de la ciudad. Y a partir de un determinado momento tuvo que sentirse, sin duda, hastiado, quizás al comprobar que había alumbrado ya un número de obras lo suficientemente amplio como para permitirle reinterpretarlas en años sucesivos (no olvidemos que cada cantata, por sus peculiaridades textuales, podía interpretarse sólo en un domingo o fiesta determinada del calendario litúrgico) y cuando constató que su esfuerzo —verdaderamente titánico durante su primer lustro en Leipzig— no era valorado como debía por las autoridades municipales. Así, el 23 de agosto de 1730, Bach redacta un memorándum que titula *Breve pero muy necesario diseño para una música sacra bien organizada; con ciertas modestas reflexiones sobre el declive de la misma*. Las pretensiones del compositor, que venían de antiguo, caen en saco roto y dos meses después, conviene recordarlo una vez más, está fechada su carta a Georg Erdmann, en la que muestra su desencanto y le ruega que le busque un nuevo puesto de trabajo. Éste, como sabemos, nunca llegó, pero tampoco volvió Bach a volcarse en cuerpo y alma en la composición de música sacra, tal y como había hecho con verdadero frenesí en sus primeros años de Leipzig. La imagen de Bach como cantor sumiso y volcado hasta el final de su vida en la composición de sus cantatas propuesta por Spitta y todos sus seguidores se viene así estrepitosamente abajo. Como creyente convencido que era, Bach fue, sí, un fiel siervo de Dios durante toda su vida. Como compositor, tras el tercero de los ciclos de cantatas de Leipzig, su música religiosa de nuevo cuño (obras como el *Oratorio de Navidad*, por ejemplo, proceden casi por completo de cantatas profanas anteriores) se ve eclipsada en gran medida por su interés por la música instrumental (en los años pasados al frente del Collegium Musicum), el estudio de los maestros antiguos, la edición de parte de sus obras para teclado o la creación de construcciones especulativas, sus principales ocupaciones en los años de lo que puede considerarse su exilio interior.

Dos obras muy diferentes entre sí requieren, sin embargo, una mención especial: la *Pasión según San Mateo* y la *Misa en Si menor*. Ambas tienen en común su extraordinaria ambición formal pero, incluso en la distancia, aparecen separadas por todo un abismo. La primera —en alemán— constituye el cenit de toda su producción litúrgica luterana, mientras que la *Misa* —en latín— se entronca en una tradición católica de siglos; una se alza como el punto de encuentro de todas las conquistas formales y estilísticas alcanzadas a lo largo del intenso y enriquecedor proceso creativo de las cantatas, la otra vuelve con frecuencia su vista atrás y se sumerge en los procedimientos contrapuntísticos y las grandes construcciones corales de la polifonía renacentista; la *Pasión* sigue con esmero las inflexiones de un texto dramático y primordialmente narrativo, la *Misa* se decanta por elevar un edificio dominado por la abstracción en el que el texto —el más frecuentado por la música occidental— funciona casi como una mera excusa.

La práctica de declamar la crucifixión y muerte de Cristo durante los oficios de Semana Santa se remonta a la Edad Media. Caracterizado al principio por una gran economía de medios, el género fue poco a poco independizando las voces de los protagonistas de la narración bíblica y acentuando las diferencias estilísticas entre unas y otras. Bach se apartó de la tradición que representaba su más ilustre antecesor alemán en este campo, Heinrich Schütz, en cuyas Pasiones alternaban recitativos homofónicos y breves coros polifónicos *a cappella*, y se decantó por construir sus obras utilizando un esquema formal muy similar al elegido para sus cantatas. La historiografía clásica ha querido colocar a la *Pasión según San Juan* en una posición de inferioridad respecto a la escrita a partir del relato evangélico de San Mateo. Hacerlo así supone ignorar la personalidad propia de cada una de ellas, ya que ambas parten de premisas muy diferentes. Es cierto que la segunda dobla prácticamente en duración a la primera, pero esta proporción es casi la misma que existe entre la extensión de las narraciones de los dos apóstoles. La *Pasión según San Juan* presenta la acción concisa y dramáticamente, mientras que la *Pasión según San Mateo*, aparte de iniciarse con el relato de hechos no abordados por San Juan (las escenas en Betania, la Última Cena y la Oración del huerto de Getsemaní), se detiene con frecuencia en reflexiones poéticas realizadas al hilo de los trágicos acontecimientos. La *Pasión según San Juan* se interpretó por vez primera en el Viernes Santo de 1724 en la Nikolaikirche de Leipzig, pero nos consta la interpretación de al menos tres versiones posteriores (datadas en 1725, hacia 1730 y en los últimos años de la vida de Bach), lo que dificulta extraordinariamente la confección de una partitura definitiva, ya que no existen razones de peso para preferir una sobre el resto. En lo que a nosotros nos interesa, se trata de una obra en general más austera que la *Pasión según San Mateo*, tanto por los medios vocales e instrumentales utilizados, como por el tratamiento musical de elementos fundamentales de la obra. Así, la importantísima parte del evangelista se vierte en un recitativo ágil y directo sin apenas licencias expresivas o retóricas; no hay aún asomo del arioso con acompañamiento de instrumentos de cuerda que hará de Jesús un personaje con voz propia en la obra posterior; la presencia de personajes secundarios y de la turba (encomendada generalmente al coro) es mucho menos acusada; las arias no van precedidas de ariosos o recitativos, una de las señas de identidad de la *Pasión según San Mateo*. Pero dentro de sus proporciones más modestas, la *Pasión según San Juan* es un modelo de eficacia al servicio de un texto dramático, ya que ilustra las vicisitudes de éste con la agilidad y la inmediatez que demanda, lo que no impide efusiones dramáticas como el aria «Es ist vollbracht» o pinturas sonoras tan fascinantes como el coro «Kreuzige, kreuzige».

Basta oír el imponente coro inicial de la *Pasión según San Mateo* para percibir que nos hemos trasladado a una obra concebida a una escala muy diferente: dos orquestas (con sus propios grupos de continuo), dos coros (con un cuarteto de voces solistas cada uno) y un coro adicional de tiples al unísono para cantar al comienzo como *cantus firmus* el coral «O Lamm Gottes». Tan sólo las sencillas armonizaciones de sus trece corales (cinco de ellos basados en una misma melodía) podrían ser trasplantadas sin problemas a la obra precedente. El resto de los elementos musicales varía sustancialmente. Así, percibimos a un evangelista más involucrado en los hechos que narra, como en el largo melisma en el que ilustra el amargo llanto de Pedro al oír el canto del gallo tras sus tres negaciones, y que a veces cuenta con la complicidad de un continuo habitualmente reducido a la quintaesencia armónica (como en las escalas y los violentos trémolos donde narra el temblor de la tierra). Jesús, como apuntamos, se torna un personaje cercano, merced a un cálido acompañamiento de la cuerda y a una línea vocal de mayor lirismo. La presencia de dos coros le permite a Bach tratarlos separada, conjunta o antifonalmente, lo que crea un ámbito espacial cambiante que acentúa la grandiosidad de la concepción de la obra. Las arias, en fin, suelen formar una unidad ineludible con el arioso precedente y le brindan a Bach la posibilidad de desplegar su maestría instrumental, ensayando todo tipo de combinaciones, como la flauta travesera y los dos oboes da caccia del aria para soprano «Aus Liebe will mein Heiland sterben».

La obra es rica, por supuesto, en simbolismos, tanto en las figuras musicales elegidas como en todo tipo de combinaciones numéricas, muy del gusto de un especulador nato como Bach. Pero nada de ello priva a la música de su misión fundamental, la de ilustrar vívidamente unos hechos que constituyen la piedra angular de la fe cristiana y reflexionar profunda y pausadamente sobre ellos. La magnitud del dogma —una verdadera epopeya en manos de Bach— requería tal monumentalidad. Resulta difícil imaginar la reacción de los fieles congregados en la Thomaskirche el Viernes Santo de 1729 (o quizás de 1727, como se ha argumentado recientemente) ante una obra que, por sus dimensiones, echaba por tierra cualesquiera moldes formales utilizados hasta entonces. Parece ser que Bach también se sirvió de fragmentos precedentes (la música compuesta para las exequias fúnebres del príncipe Leopold de Cöthen), parodiándolos para su inclusión en esta obra, algo que afecta a la auténtica línea de flotación de las teorías de quienes abogan ardientemente por la imagen de un Bach místico, transido por la fe y volcado en su labor de propagador de la causa luterana. Sea como fuere, lo cierto es que la *Pasión según San Mateo* muestra una unidad de criterio en la que los préstamos, de haberlos, no hicieron mella alguna. Realizar cortes en la partitura para aligerar su duración —como hizo Mendelssohn en su histórica interpretación berlinesa de 1829— atenta no sólo contra esa unidad, sino también contra un dramatismo perfectamente planificado desde el grandioso coro inicial —que presagia las proporciones de la tragedia— hasta la desolación infinita del coro final.

La *Misa en Si menor* ha planteado grandes problemas a sus exégetas. La primera sorpresa que nos depara es su propia existencia, ya que se trata de una misa católica escrita por un músico volcado, como hemos visto, en la composición de obras destinadas al servicio litúrgico protestante. Lutero redujo el Ordinario de la misa a sus dos primeras secciones (*Kyrie* y *Gloria*), aquéllas en las que no había referencia alguna al sacrificio. Bach puso música a ambas en torno a 1733, ya que el 27 de julio de ese año envía la partitura con una larga dedicatoria al monarca católico Federico Augusto II, el sucesor de Augusto el Fuerte como rey de Polonia y Elector de Sajonia. A cambio solicitaba un puesto en su orquesta de la corte, una petición que se tradujo, como ya vimos en su momento, en un nombramiento honorífico (Compositor de la Orquesta de la Corte) sin gran trascendencia práctica.

Por razones que ignoramos, Bach decidió acometer hacia 1747 la conclusión de la Misa, incorporando las tres secciones del Ordinario que le faltaban: *Credo* (*Symbolum nicenum* en el manuscrito bachiano), *Sanctus/Benedictus* y *Agnus Dei*. La parodia hace su aparición una vez más en las grandes obras del compositor, que retomó un *Sanctus* de 1724 (carente de *Osanna* y *Benedictus*), y varios fragmentos anteriores para la música restante. Bach, siguiendo una tradición fundamentalmente italiana, trocea el texto hasta conformar un total de 27 fragmentos independientes, en los que el protagonismo se reparte entre las arias y, con especial relevancia, el coro. Desde el punto de vista estilístico, la obra conjuga los elementos italianos (las arias *da capo* con la presencia de instrumentos *obbligato*), la riqueza de la música instrumental alemana (los instrumentos no se limitan a doblar las voces, sino que en muchas ocasiones se convierten en el eje que articula el discurso musical) y la gloriosa tradición del contrapunto imitativo, que le permite levantar una construcción polifónica tan rocosa como el segundo *Kyrie*, aquel que despertara el asombro de Alejo Carpentier en su *Consagración de la primavera*.

La obra presenta una perfecta simetría, que se logra mediante la alternancia entre fragmentos para voces solistas y fragmentos corales, y dentro de éstos, entre los escritos *a cappella* (o con los instrumentos limitándose a doblar las voces) y los que se decantan por otorgar a voces e instrumentos idéntico rango. Pero donde se impone con una lógica deslumbrante el sentido arquitectónico bachiano es en el *Credo*. Dos coros flanquean ambos extremos de la profesión de fe, con sendas melodías gregorianas como *cantus firmus* o esqueleto alrededor del cual se teje el armazón armónico y contrapuntístico. Junto a ellos, dos arias (una en forma de dúo) y en el centro del bloque, tres coros que constituyen el núcleo de la fe cristiana: la encarnación («Et incarnatus»), la muerte («Crucifixus») y la resurrección («Et resurrexit») de Jesús. A su vez, como verdadero eje del *Credo*, la muerte y crucifixión, que Bach decide plasmar en forma de chacona, una garantía de dramatismo creciente merced a la incansable repetición de la línea del bajo.

Parece evidente que Bach no debió conocer en vida ninguna plasmación sonora de su obra completa, tal y como quedó conformada en sus últimos años. Y es que se trata más de un testimonio de quien quiere sentirse parte de una tradición engalanada por nombres tan ilustres como Machaut, Ockeghem, Desprez, Lassus, Palestrina o Morales, que una partitura funcional destinada a un acto litúrgico concreto. Más preocupado quizás por un futuro que acabaría decantándose incondicionalmente de su lado, que por un presente tacaño y obstinado en dar la espalda a su genio, la *Misa en Si menor* esconde, tras su indiscutible significación religiosa y sus ingentes valores artísticos, un hermoso acto de rebeldía.

V

Fue enano para mí todo gigante
y al duelo en cualquier punto satisfice.

MIGUEL DE CERVANTES

Aunque fueron pocos los años de su carrera en los que Bach tuvo entre las obligaciones inherentes a su cargo la composición de música instrumental, su catálogo presenta en este apartado una riqueza comparable a la de sus páginas vocales, a pesar de que contamos con indicios más que suficientes para presumir que, también aquí, una gran parte de sus obras no ha llegado hasta nosotros. Conciertos, suites y sonatas constatan, por un lado, que Bach supo absorber y hacer suyas como pocos las diversas tendencias musicales imperantes en su tiempo y, por otro, que poseía un conocimiento de las peculiaridades de los instrumentos que no puede ser fruto únicamente de una observación atenta de las evoluciones de los mismos en la práctica cotidiana, sino del denuedo puesto en desentrañar sus secretos por sí mismo. Bach fue, ciertamente, un consumado experto en la morfología y el manejo de los instrumentos de tecla, pero sus partituras nos enseñan también que poseía un conocimiento exhaustivo de la técnica de la flauta, el oboe, el violín, el violonchelo, el laúd o la viola da gamba. El hecho de que hoy, más de dos siglos después de ver la luz, sus obras sigan presentando innumerables problemas técnicos a sus intérpretes nos demuestra hasta qué punto Bach conocía —o, mejor, vislumbraba— dónde se hallaba el auténtico *finis terrae* de un instrumento. En su acerbo alegato crítico de 1737, que sería objeto de varias réplicas y contrarréplicas, Johann Adolf Scheibe acusaba a Bach de pretender que «los instrumentistas sean capaces de hacer con sus instrumentos lo mismo que él puede tocar sobre un teclado». Una empresa imposible, concluye Scheibe, que califica el estilo del compositor, que juzga también pródigo en ornamentaciones, de «afectado y confuso».

Desde una perspectiva actual, el pensamiento musical de Bach parece demasiado profundo y sus piruetas técnicas en exceso arriesgadas como para que los frutos de uno y otras pudieran ser fácilmente asimilados por sus contemporáneos. Aunque fue un consumado practicante de la parodia —en su sentido técnico—, Bach no gustaba de repetir una misma solución ante los problemas que se le plantean constantemente a un compositor. Si Bach copió o adaptó una y otra vez obras anteriores, lo hizo, en primer lugar, porque la exigencia de cumplir un plazo le colocaba frente a esa coyuntura y, en segundo, porque él vive su pensamiento musical como esencialmente abstracto, de ahí que una misma idea puede dar lugar a infinitas concreciones, algunas de ellas sorprendentemente alejadas entre sí. De este modo, una página para violín solo (el Preludio de la *Partita n.º 3*) puede metamorfosearse nada menos que en la sinfonía de una Cantata (la BWV 29), con una instrumentación que incluye órgano, trompetas, oboes, cuerda y timbales, o un juvenil Preludio y Fuga (el BWV 894) dar lugar a los movimientos extremos del *Concierto para flauta, violín y clave BWV 1044*: auténticos retos para un amante de la experimentación y el riesgo.

El poder de la imaginación de Bach se despliega también cuando concibe una colección de obras destinadas a formar parte de un todo unitario. Los famosos *Conciertos de Brandenburgo* incluyen seis obras que huyen de las soluciones fáciles, de la uniformidad, de la sujeción a un esquema monótonamente repetido, y en las que no difieren sólo las instrumentaciones, sino también los planteamientos formales. Bach envía estos *Six Concerts Avec Plusiers Instruments* el 24 de marzo de 1721 al margrave de Brandenburgo —de quien toman su título espurio—, un noble que Bach conoció probablemente dos años antes con motivo de un viaje a Berlín. En cada una de las obras apreciamos fuertes destellos de originalidad, que convierten el conjunto en un mosaico multicolor que refleja la riqueza de la cultura musical barroca. En el *Concierto n.º 1*, por ejemplo, nos sorprende su estructura en cuatro movimientos (el último de ellos con diversas secciones) y su plantilla de instrumentos solistas: violino piccolo, dos trompas, tres oboes y fagot; en el *Concierto n.º 2*, la audaz convivencia tímbrica entre flauta dulce y trompeta, esta última relegada al silencio en un segundo movimiento de cariz camerístico; en el *Concierto n.º 3*, la escritura para nueve instrumentos de cuerda (tres violines, tres violas y tres violonchelos) con partes independientes para todos ellos, lo que crea una textura de una gran riqueza; en el *Concierto n.º 4*, la conjunción de un violín solista y dos flautas de pico (*fiauti d'echo*, escribe Bach en su manuscrito) que le prestan un delicado trasfondo tímbrico; en el *Concierto n.º 5*, el poderío desplegado por un clave omnímodo y en muchos sentidos revolucionario, que relega casi a la condición de comparsas a la flauta travesera y el violín que comparten con él labores solistas; en el *Concierto n.º 6*, en fin, el componente intimista y arcaizante de una obra que prescinde por completo del violín y cuyo atractivo reside en la oposición entre dos violas da braccio —el futuro— y dos violas da gamba —el pasado—, con un violonchelo ejerciendo de mediador entre ambos grupos.

Bach conjuga además un estilo de clara ascendencia francesa (muy presente en el concierto que abre la colección) con un fuerte barniz formal italiano, que cobra cuerpo en la constante aparición del *ritornello* (una frase fácilmente identificable que suele escucharse al comienzo de un movimiento y que actúa como puente entre las secciones que lo conforman). Se trataba, al cabo, de los dos estilos dominantes en Europa y los que hacían furor en unas cortes en las que lo francés —idioma incluido— era el símbolo por antonomasia de la distinción y el boato, pero que sucumbían igualmente ante el derroche y la fantasía melódicos de los italianos. Bach se familiarizó con las creaciones de los venecianos Vivaldi, Albinoni o los hermanos Marcello en sus años de Weimar, gracias quizás a las partituras que compró durante sus viajes el inquieto príncipe Johann Ernst. Ya hemos visto anteriormente cómo cuatro de estas obras las transcribió Bach para órgano, pero la nómina se amplía hasta la veintena si incluimos los arreglos para clave solo y la rebasaremos si incorporamos el *Concierto para cuatro claves, cuerda y continuo BWV 1065*, una transcripción del *Concierto opus 3 n.º 10* para cuatro violines de Vivaldi. Bach abraza también el modelo italiano en sus propias obras concertantes, como las escritas para violín (dos), dos violines (uno), violín, flauta y clave (uno), clave (ocho), dos claves (tres), tres claves (dos) y cuatro claves (uno). Nacidas en buena medida para sus veladas públicas al frente del Collegium Musicum de Leipzig, abundan en ellas los préstamos tomados de obras anteriores, muchas de las cuales se han perdido. Lo más reseñable de estos conciertos es, por un lado, la impronta personal que Bach sabe imprimir al modelo heredado de los italianos (una textura orquestal más rica, una mayor variedad armónica, una estructura formal menos rígida) y, por otro, la elección del clave como instrumento solista, una innovación realmente trascendental que acabaría dando lugar a la postre al concierto para piano del clasicismo. Al igual que en muchas de sus obras para órgano, estos conciertos tenían en Bach (al que se unían sus propios hijos en las obras para varios instrumentos solistas) a su primer destinatario. La extensa cadencia del primer movimiento del *Concierto de Brandemburgo n.º 5*, por ejemplo, presenta tales dificultades técnicas que no debía haber entonces muchos clavecinistas capaces de afrontar con garantías su interpretación.

Las cuatro oberturas (o suites) para orquesta que han llegado hasta nosotros (Bach debió sin duda escribir muchas más) muestran, sin embargo, su inclinación por las maneras francesas. El peso principal de las obras recae, de hecho, sobre los extensos movimientos iniciales, escritos en forma de obertura francesa. Reciben este nombre las piezas generalmente tripartitas en las que una extensa fuga central se ve enmarcada en los extremos por dos secciones lentas, pomposas, con profusión de ritmos punteados. Bach no deja, sin embargo, de introducir guiños italianizantes (como la aparición de *ritornelli* de resonancias concertantes en las amplias secciones fugadas), pero para el resto de los movimientos prefiere recurrir generalmente a danzas en forma binaria legadas por la tradición francesa, varias de ellas dispuestas en parejas: Badinerie, Bourrée, Minuet, Gavotte, Passepied, Forlane o Réjouissance. Tan sólo una de las obras, quizás la más popular, la *Suite n.º 2*, emplea un instrumento solista destacado (flauta travesera) que se desgaja con frecuencia del resto del grupo, mientras que el resto se inclina por una orquestación más rica, con una fuerte presencia de instrumentos de viento y de timbales (*Suites n.º 3* y *n.º 4*) para acentuar el carácter ceremonioso, solemne y cortesano de la música.

Aunque la ejecución de muchas de las obras citadas hasta aquí puede encomendarse a un reducido grupo de cámara (un enfoque en muchos casos más adecuado que la traducción sonora servida por una orquesta moderna de grandes dimensiones), el catálogo de Bach alberga también un número significativo de partituras en las que no cabe plantearse otra alternativa que la utilización de un solo intérprete por parte. El laúd, el violín, el violonchelo, la viola da gamba y la flauta fueron los afortunados destinatarios de estas páginas instrumentales, formalmente a caballo entre la suite y la sonata. Si las páginas con acompañamiento de continuo presentan una estructura y un lenguaje musical más convencionales, deudores de la decisiva revolución operada en Italia por Arcangelo Corelli, Bach vuelve a presentarse como un sorprendente equilibrista en sus obras escritas para flauta, violín o violonchelo solo. Que varias de ellas las transcribiera el propio compositor para clave o laúd nos da una idea de sus ambiciones polifónicas.

Las dos grandes colecciones para violín y violonchelo solo (la *Partita BWV 1013* para flauta sola constituye un ejemplo aislado, aunque igualmente admirable) parten de una negación: la imposibilidad de ambos instrumentos para hacer música por sí solos. En la época de Bach, el violín y, en menor medida, el violonchelo habían iniciado ya su marcha triunfal en la poblada jungla de los instrumentos barrocos, regida también por la ley del más fuerte y no exenta de depredadores ni de víctimas. Aunque salieron airosos en la difícil lucha por la supervivencia, ambos parecían condenados bien a la agrupación con sus congéneres, bien a la compañía de instrumentos polifónicos capaces de tejer el entramado armónico que aquéllos, en principio, no podían crear por sí mismos. Existían, claro, antecedentes (Biber, von Westhoff, Pisendel para el violín; Domenico Gabrielli o Galli para el violonchelo), varios de ellos conocidos probablemente por Bach, coleccionista y copista ávido de la música que circulaba por Europa. Pero ninguno muestra la unidad, la coherencia, el rigor y, por encima de todo, un triunfo semejante como recompensa ante la magnitud del desafío artístico planteado.

Estas obras albergan compases engañosos, porque esconden algo muy diferente de lo que enseñan a primera vista. La partitura nos revela un mundo mayoritariamente homofónico, pero agazapado entre las líneas se esconde un entramado en el que asoman, o se adivinan, otras voces. Estamos ante lo que, retomando un adjetivo utilizado por los renacentistas para denominar la semitonía (alteraciones accidentales) que no estaba escrita, pero que debía tenerse en cuenta por los cantantes, podríamos denominar «polifonía *subintellecta*». Los arreglos que él mismo realizó para otros instrumentos (clave, laúd) nos muestran aquello que el músico alemán *sobreentendió* pero no llegó a escribir, casi siempre porque las características del instrumento se lo impedían. Algo muy distinto es lo que haría Schumann décadas más tarde: incorporar un acompañamiento pianístico. Al no cojear, estas obras no necesitan de bastón alguno y el desliz del autor del *Carnaval* puede sólo explicarse como un mal chivatazo por parte de una época amante del revisionismo y conocedora balbuceante de su pasado.

La comparación entre la colección violinística y la destinada al violonchelo arroja diferencias sustanciales. Así, mientras la primera se articula como un ciclo bimembre (tres sonatas *da chiesa* y tres partitas), la segunda adopta en los seis casos la estructura de una suite. Pero también las *Partitas* para violín y las *Suites* para violonchelo están separadas por la mayor inclinación polifónica de las primeras (piénsese en la Allemande de la *Partita n.º 1* o en la prodigiosa Chacona de la *Partita n.º 2*), una consecuencia lógica del mayor desarrollo que por entonces había alcanzado el violín. De hecho, las ambiciosas fugas de las tres *Sonatas* violinísticas apenas encuentran eco en las seis obras para violonchelo. Cuando Bach sí que escribe un completo entramado polifónico, y los casos más paradigmáticos en este sentido son la ya citada Chacona y la fuga de la *Sonata n.º 3*, el problema pasa de ser el de ayudar al oyente a reconstruir una polifonía soterrada, al de conseguir que un arco físicamente imposibilitado de frotar más de dos cuerdas a la vez (especialmente el arco moderno, ya que el barroco podía adaptarse con mayor facilidad a los diferentes planos espaciales que marcan las cuerdas) sea capaz de mantener un contrapunto coherente —y transparente— a cuatro voces. Bach sabe perfectamente que un violín no puede a un tiempo desgranar un acorde tras otro y mantener una frase musical en la que sea perceptible el devenir horizontal de cada una de las voces. Por eso suprime, aparta todo lo que pueda resultar no accesorio, sino prescindible; de ahí que un autorizado intérprete de las *Suites* para violonchelo como Anner Bylsma haya señalado que en estas obras Bach parece plantearse el problema de cuántas notas pueden eliminarse para que el oyente conserve la idea de una suite completa, armonía y contrapunto incluidos, sin olvidar las numerosas disonancias y síncopas que, así las cosas, sólo existen en la memoria del público que las escucha. Cualquiera de estas obras sigue constituyendo hoy día una prueba de fuego no sólo para que el intérprete demuestre la destreza que posee, sino para que, sublimando las propias limitaciones del instrumento, y aliándose con ellas, proclame su autonomía y su soberanía polifónica. Unos compases desnudos de asideros, despojados de gangas, compelidos a confinarse en lo esencial, le dejan al intérprete solo ante un inmenso peligro. Es Bach, el músico capaz de salir incólume tras afrontar los retos más formidables, el funambulista genial y amante del riesgo quien, airoso tras realizar sus piruetas en el vacío, contempla ahora sus evoluciones sobre la cuerda floja.

VI

La vida está en mis manos creadoras
de aire, luz y murmullo.

JUAN GIL-ALBERT

Si el órgano fue el instrumento de tecla sacro por excelencia del Barroco, el clave (y el clavicordio) impusieron su hegemonía en el campo de la música profana. El órgano podía llenar gracias a su poderío sonoro los inmensos espacios acotados por la grandiosa arquitectura eclesiástica, mientras que el clave no podía aspirar a hacerse oír más allá de las dimensiones de un modesto salón. El primero podía prolongar una nota cuanto tiempo quisiera y revestirla de una infinita variedad tímbrica; los sonidos que produce el clave tienen, sin embargo, una vida efímera y mueren poco después de haber visto la luz en medio de un panorama tímbrico sugerente pero monocorde. Unos pequeños plectros conectados a las teclas pulsan las cuerdas a la manera de un laúd, sin posibilidad de perpetuar el sonido, como hace el piano, por medio de un pedal que prolongue la duración de las vibraciones. En el clave todo es delicado, leve, perecedero. El clavicordio, por su parte, utiliza un sistema semejante al del piano, esto es, la percusión de las cuerdas, lo que le permite al intérprete graduar desde los dedos la intensidad de las notas, aunque siempre dentro de unos parámetros dinámicos extraordinariamente limitados y sutiles. Es frecuente escuchar las obras para teclado de Bach a los pianistas, que las han hecho suyas sin rubor desde que Claudio Arrau acometiera la interpretación de todas ellas en doce históricos conciertos celebrados en Berlín en 1935-36. No es ése, por supuesto, su destino primero, por perfecta que pueda ser la adecuación entre música e instrumento en manos de intérpretes sensibles. El clave y el clavicordio son, sin duda ninguna, el escenario natural que reclaman unas partituras que exigen de sus encarnaciones sonoras flexibilidad, delicadeza y, sobre todo, transparencia.

La datación de las que parecen ser las primeras obras para teclado conservadas de Bach (a menudo en copias secundarias) se convierte, una vez más, en una empresa casi imposible. Entre ellas destacan una serie de siete *Toccatas* en las que alternan los pasajes improvisatorios con secciones dominadas por el contrapunto imitativo, lo que las sitúa en el mismo ámbito estilístico que algunas de sus obras organísticas juveniles. Una página aislada, la *Fantasía cromática y fuga BWV 903*, tan admirada y ensalzada por Forkel, fue una de las obras más difundidas de Bach en la primera mitad del siglo XIX. Aunque se entronca dentro de una tradición a la que contribuyeron nombres tan ilustres como Sweelinck y Frescobaldi, la osadía armónica y la fantasía formal del compositor son tales que muchos la han considerado, con razón, como una de las puntas de lanza de su faceta más moderna e innovadora. El *Aria variata BWV 989* bebe también de idéntica fuente que las *Partitas* para órgano, esto es, los ciclos de variaciones de Georg Böhm, mientras que el *Capriccio sopra la lontananza del suo fratello dilettissimo BWV 992* constituye uno de los pocos casos en los que un acontecimiento familiar (la partida de Jacob, hermano del compositor, para tocar en el ejército de Carlos XII de Suecia) aparece como trasfondo y desencadenante de una partitura programática, a la manera de las *Sonatas bíblicas* de Johann Kuhnau, el antecesor de Bach como Cantor de la Thomasschule de Leipzig. La obra se cierra, de hecho, con un aria y una fuga de corte descriptivo que imitan la llamada de la trompa de postillón.

Bach fue, según todos los indicios, un excelente profesor y entre sus instrumentos pedagógicos más renombrados se encuentran sus *Invenciones* y *Sinfonías*, pequeñas piezas a dos y tres voces, respectivamente, concebidas en su origen para la instrucción de su propio hijo Wilhelm Friedemann. Tras revisarlas y reordenarlas en una secuencia tonal ascendente (de Do mayor a Si menor), Bach copió en 1723 estas dos colecciones de quince piezas cada una en un manuscrito que nos revela, por un lado, su destreza compositiva aun en un marco extraordinariamente austero y, por otro, su tendencia a la compilación de un conjunto de obras sistemático, que alcanzará su máxima expresión artística en *El clave bien temperado*.

Al igual que hizo en sus *Partitas* para violín, sus *Suites* para violonchelo o sus *Oberturas* para orquesta, el mundo de la danza, que se erigió en la quintaesencia del barroco instrumental profano, cobra un papel principalísimo en la música para teclado de Bach. Tres colecciones integradas por seis obras cada una —las *Suites francesas*, las *Suites inglesas* y las *Partitas*— y la *Obertura francesa BWV 831* tienen como espina dorsal los movimientos de danza más frecuentados por los compositores de la primera mitad del siglo XVIII. Las dos primeras no poseen peculiaridades nacionales explícitas que justifiquen sus títulos (espurios), legados por la tradición y cuyo uso queda justificado únicamente para diferenciar una de otra. *Suites pour le clavecin* y *Suites avec leurs Préludes* son títulos que debemos al propio autor y que reflejan claramente la impronta francesa de la música, si no de su letra, ya que Bach sintetiza y amalgama siempre los diversos estilos nacionales, sí al menos de su espíritu. La mención expresa a los preludios de las *Suites inglesas* no es gratuita, ya que constituyen una de sus principales señas de identidad con respecto a sus compañeras, concebidas a una menor escala y con unas dificultades técnicas más asequibles para un intérprete no avezado: con ello se confirma su finalidad pedagógica, que hemos de ubicar quizás en el estadio inmediatamente superior al de las *Invenciones* y las *Sinfonías*.

Ambas colecciones fueron objeto de diversas revisiones y conocieron su forma definitiva en los años de

Cöthen, a excepción probablemente de la sexta de las *Suites francesas*, añadida más tarde para redondear una cifra habitual (al igual que su primer múltiplo, doce) en las colecciones instrumentales barrocas. La sucesión de las danzas denominadas allemande, courante (o corrente, en su variante italiana), sarabande y giga se convirtió en el esqueleto de la suite y alrededor de él articula Bach el desarrollo formal de estas obras. En las *Suites francesas* suelen aparecer danzas adicionales (que los alemanes solían bautizar como *Galanterien*), como la gavotte, la bourrée, el menuet, la loure o la polonaise, intercaladas entre la sarabande y la giga. En las *Suites inglesas* se respeta este mismo esquema, pero con la introducción de dos novedades esenciales: la elección como pórtico para las seis obras de un preludio (tan extenso en el caso de la *Suite n.º 6* como el resto de la obra) y la introducción de danzas binarias, que podían construirse mediante la incorporación de una versión adornada de la interpretada en primer lugar (*agréments*), de una variación de ésta (*double*) o de una segunda danza homónima y contrastante (marcada *alternativement*). Las intenciones del compositor en relación con el orden en que deben ejecutarse las diversas secciones que integrarían, en consecuencia, un mismo movimiento no quedan siempre claras a la vista de la partitura (que diverge según cuál sea el texto musical elegido), lo que explica las diferencias existentes entre las versiones de uno y otro intérprete.

Su ambición formal y su densa escritura polifónica

hacen de cualquiera de las obras de ambas colecciones un perfecto ejemplo del altísimo grado de sofisticación expresiva al que llegó la suite barroca de madurez, cuyos orígenes danzables se encuentran agazapados bajo un planteamiento arquitectónico unitario y una cuidadosa planificación tonal. Pero Bach avanzó un paso más en el proceso de sofisticación de la suite en la que, ironías del destino, muchos conocerían en 1731 como su primera partitura impresa, su así llamada *opus 1,* cuando se contaban ya por centenares las obras que había alumbrado su estro. «Ejercicios para teclado, consistentes en Preludios, Allemandes, Courantes, Sarabandes, Gigas, Minuetos y otras Galanterías, compuestas para el deleite espiritual de los amantes de la música por Johann Sebastian Bach, Maestro de Capilla de la Corte de Saxe-Weissenfels y Directori Chori Musici Lipsiensis. Opus 1. Publicado por el Autor. 1731.» Estamos ante la primera de las cuatro entregas de su *Clavier-Übung*, a la tercera de las cuales ya nos hemos referido al examinar su obra organística.

Las seis *Partitas* —el término elegido ahora por Bach para designar sus colecciones de danzas— empezaron a publicarse individualmente, a un promedio de una por año, a partir de 1726 y sus intenciones quedan claras tras la simple observación de las danzas que decide incluir en cada una de ellas. Al núcleo habitual de la suite (allemande, courante, sarabande y giga), que Bach se cuida de citar expresamente en la portada de la publicación, éste añade un movimiento siempre diverso en forma libre a modo de prólogo (preludio, sinfonía, fantasía, obertura, preámbulo y toccata, respectivamente) y uno o dos más adicionales, algunos con títulos tan alejados del mundo de la danza como el Capriccio o el Rondeau de la *Partita n.º 2* y la Burlesca de la *Partita n.º 3*.

De nuevo resulta evidente el propósito pedagógico (dos de las obras aparecen en uno de los cuadernos de música compilados para Anna Magdalena, la segunda esposa del compositor), aunque el grado de dificultad se acentúa considerablemente en relación con las *Suites inglesas*. No son pocos los pianistas que, curtidos en batallas en apariencia más cruentas, deciden ser huéspedes de estos compases y se topan con numerosos pasajes de una exigencia técnica inusitada. El pensamiento musical de Bach trasciende las danzas y traza un discurso despojado de cualquier elemento accesorio, en el que el virtuosismo es un medio imprescindible para darle vida, pero jamás un fin en sí mismo.

La segunda parte del *Clavier-Übung* se publicó en Nuremberg en 1735 y su contenido refleja fielmente la dicotomía entre los estilos italiano y francés que marcó la vida musical europea del Barroco. Por un lado, el *Concierto italiano BWV 971*, en el que Bach trasplanta a los dos teclados de un clave el diálogo entablado por el solista y la orquesta; por otro, la *Obertura francesa BWV 831*, una página más cercana a las cuatro *Oberturas* para orquesta (repárese, por ejemplo, en la generosa extensión de su movimiento inicial) que a las *Suites* o las *Partitas* para teclado precedentes. Resulta fascinante comparar las claras texturas y el elaborado trabajo temático del *Concierto,* en el que abundan las indicaciones contrastantes *forte* y *piano*, con la ortodoxia de la sucesión de danzas breves de la *Obertura,* una ortodoxia siempre atemperada por el genio de Bach, que prescinde aquí de la allemande, introduce dos pares de *Galanterien* entre la Courante y la Sarabande (Gavottes y Passepieds), y corona la obra con un *Echo* final, en el que vuelve a recurrir a la alternancia dinámica que le brinda la utilización de uno u otro manual del clave.

La última entrega del *Clavier-Übung* (la cuarta, aunque Bach renunció en este caso a numerarla) se apartó por completo de la senda transitada por las colecciones anteriores. En primer lugar, contiene una única obra, las conocidas como *Variaciones Goldberg BWV 988* (un nuevo título espurio que se vale del apellido del que la leyenda, transmitida por Forkel, considera como su primer intérprete); en segundo, se aleja decididamente de los esquemas formales de la suite; su infinita variedad la consigue, por último, a partir de un germen minúsculo, los 32 compases del Aria que inicia y cierra la obra. Entre el prólogo y el epílogo —idénticos, pero cuya significación difiere abruptamente en la primera y la segunda escucha—, escuchamos treinta variaciones, estructuradas en torno a un riguroso plan formal. Por un lado, dos bloques de quince variaciones, el segundo de los cuales se abre con una grandiosa obertura francesa, sinónimo siempre de que sus ritmos punteados y su aire solemne anuncian el comienzo de algo nuevo. Por otro, diez bloques de tres variaciones, en los que la última de cada tríada está construida en forma canónica (imitación estricta en las diferentes voces), iniciándose la secuencia ascendente con un canon al unísono (variación n.º 3, en la que el material musical de la segunda voz es idéntico en todo al de la primera, aunque expuesto algo más tarde) y completándose (variación n.º 27) con un canon a la novena (el intervalo que separa la voz imitadora de la imitada).

La dificultad técnica se extrema en relación con las *Partitas*, especialmente en las temibles últimas variaciones. En estos compases convergen todos los afluentes de la escritura clavecinística bachiana. La concepción de casi la mitad de las variaciones comporta la obligación inexcusable de utilizar los dos teclados o manuales y la fuerte presencia del contrapunto imitativo (no sólo en los cánones citados) demanda una plasmación límpida de cada una de las voces. Junto a rasgos arcaizantes (variaciones fugadas, como las n.º 10 y n.º 22), hallamos elementos típicamente barrocos (la forma concertante de las n.º 12 y n.º 23 o la citada obertura francesa de la nº 16), novedosos (la sinuosa línea melódica y las audaces armonías de la n.º 25, escrita en un estilo más característico de los hijos de Bach) e incluso guiños humorísticos (la cita de dos canciones populares en el *Quodlibet* de la n.º 30). Pero el concepto que mejor define la obra es el de su circularidad. Su fuerte cohesión interna y las relaciones de simetría que la atraviesan como un puñal hacen posible la creación de un microcosmos cerrado sobre sí mismo en el que el Aria inicial, y más concretamente el bajo que la sustenta, deviene su alfa y su omega. Las *Variaciones Goldberg* participan, en fin, del viejo aforismo medieval al que puso música en un rondeau Guillaume de Machaut en el siglo XIV, el mismo que hizo bordar en su trono María Estuardo y el que aparece citado por T. S. Eliot en el primer y el último versos de *East Coker*, el segundo de sus trascendentales *Cuatro Cuartetos*: «*Ma fin est mon commencement*».

VII

Nuevos grupos que se gozan
en nacer resucitando.

JORGE GUILLÉN

El contrapunto rige las relaciones de horizontalidad existentes entre varias voces que suenan simultáneamente en una composición polifónica. Ya en la Edad Media, los compositores repararon en la eficacia de un procedimiento consistente en que una sola línea musical diera lugar a un entramado polifónico mediante la sucesiva imitación de aquélla a cargo de diversas voces. Esta imitación puede ser estricta (canon: no existe diferencia alguna entre el contenido musical de las distintas voces, que pueden únicamente transportarse a un intervalo determinado, como quedó apuntado al referirnos a las *Variaciones Goldberg*) o libre (fuga: la imitación se produce al principio y en momentos puntuales de la composición). El *dux* (guía) del canon o el sujeto de la fuga viven, así, una serie de sucesivas «resurrecciones», ya que poco después de haber concluido su paso por una voz reaparecen en otra y retoman su curso desde el principio. El contrapunto imitativo alienta bajo una gran parte de la polifonía sacra renacentista, una de las creaciones señeras del espíritu humano. Al otro lado del puente se encuentra la melodía acompañada, esto es, una línea vocal o instrumental que destaca por encima de un acompañamiento secundario que le brinda soporte armónico. Esta dicotomía entre un número de voces de igual rango y una sola que predomina sobre el resto ha sido bautizada de diversos modos: *stile antico* versus *stile nuovo*, *prima prattica* versus *seconda prattica*. En Bach conviven por igual ambas corrientes: un aria de una de sus *Cantatas,* por ejemplo, constituye una encarnación paradigmática del nuevo estilo nacido en Italia en los albores del siglo XVII; una fuga para órgano o para clave, o el segundo *Kyrie* de su *Misa en Si menor*, son deudores, por su parte, del estilo antiguo, cuyo máximo modelo ha venido siendo tradicionalmente las composiciones de Palestrina.

Este último estilo se convirtió para Bach al final de su vida en una obsesión permanente, en el objeto recurrente de sus horas de estudio. Más que nunca, Bach se convirtió, parodiando el título de una obra de Thomas Bernhard, en un auténtico «imitador de voces». Para entonces, los tiempos apuntaban ya claramente en otra dirección, como queda de manifiesto en la música que comenzaban a escribir sus propios hijos, unos compases imbuidos de expresividad, alentados por bruscos contrastes expresivos, por la preeminencia de la voz más aguda, desligados de la esclavitud impuesta por el bajo continuo, rasgos todos que acabarían desembocando en el clasicismo musical. Su padre, mientras tanto, buceaba en las obras de los viejos maestros para encontrar la llave que le permitiera hacer del contrapunto imitativo el eje único y exclusivo de una composición de grandes dimensiones, un sueño que se hizo realidad en la *Ofrenda musical* y *El arte de la fuga*.

El clave bien temperado participa también, de algún modo, de estas premisas, y no sólo porque sus dos partes acojan a un total de 48 fugas. Se trata, asimismo, de un compendio que persigue la plasmación práctica de una idea: la composición de piezas en las 24 tonalidades mayores y menores. Una octava (la distancia existente entre dos notas sucesivas del mismo nombre, por ejemplo de Do a Do) puede afinarse de diversos modos y el temperamento igual (el utilizado en la actualidad) opta por una solución de compromiso con respecto a las leyes naturales que rigen la formación de intervalos, repartiendo el contenido tonal de la octava en doce partes iguales. Existen muchos otros sistemas de afinación y algunos de los utilizados en época de Bach favorecían unas tonalidades en detrimento de otras, que no podían emplearse al sonar excesivamente desafinadas. Aunque no está claro que Bach concibiera su obra para el temperamento igual, sí que resulta incontestable que el compositor pensaba en un sistema que permitiera el empleo indiscriminado de cualquier tonalidad sin necesidad de retocar en ningún momento la afinación del instrumento. Para ello compuso en 1722 la primera parte de su *Clave bien temperado*, un título que no aparece en la segunda entrega (1742), pero que puede aplicársele por extensión, a la vista de las estrechísimas concomitancias entre ambas colecciones. Escritos «en todos los tonos y semitonos», estos preludios y fugas no se erigen tan sólo en un argumento irrebatible en favor de un determinado tipo de afinación, que permite pasar, en la primera parte, de un preludio inicial (en Do mayor) marcadamente diatónico a una última fuga (en Si menor) basada en un sujeto cromático que recorre los doce semitonos de la octava. Conforman, asimismo, todo un tratado de interpretación de los instrumentos de tecla, una *summa* técnica de valor incalculable. La comparación entre las dos colecciones arroja también mucha luz sobre la evolución vivida por Bach en los años de su esplendor creativo, aunque sería un grave error asignar un mayor valor artístico a los preludios y fugas de 1742 sólo por el hecho de ser posteriores. Éstos presentan algunos rasgos específicos (como la recurrencia de la forma binaria en los preludios, generalmente más ambiciosos desde el punto de vista estructural), pero no plantean soluciones más imaginativas, variopintas o perfectas técnicamente que los contenidos en la primera colección. Cada preludio, cada fuga transita por sendas diferentes, aunque todas las piezas se antojan imprescindibles para que funcione el engranaje global, que participa, como las *Variaciones Goldberg*, del concepto de circularidad: de Do mayor a Si menor, semitono a semitono, y vuelta a empezar el recorrido por las 24 tonalidades. O, por decirlo con un viejo adagio latino, *in toto pars continetur*: la parte se contiene en el todo, la variedad dentro de la uniformidad.

En lo que ahora más nos interesa, *El clave bien temperado* nos transmite la imagen de un Bach que se acerca a su cenit en el dominio del contrapunto imitativo, un arte que le fascinó desde su juventud. Sus fugas se mueven entre un *stile antico* de empaque y resonancias vocales (la (n.º 4 de la primera parte o la n.º 9 de la segunda), y un carácter casi danzable (n.º 11 o (n.º 24, respectivamente), pasando por una auténtica exposición escolástica (n.º 1 de la primera parte), un furioso movimiento perpetuo (n.º 10) o un derroche de fantasía y fuerza expresiva que parecen en un principio incompatibles con la sobriedad de una construcción fugada (n.º 20 de la segunda). Todas ellas parten, eso sí, de temas (sujetos) diferentes, lo que las convierte en la antesala del último y definitivo paso que Bach quiso dar en el campo de la experimentación contrapuntística: utilizar un único motivo como génesis de una obra de grandes proporciones.

Las *Variaciones canónicas sobre «Vom Himmel hoch» BWV 769* o los catorce cánones sobre el bajo de las *Variaciones Goldberg* (descubiertos en 1975) apuntan ya en esta dirección, pero su escucha nos revela que la especulación que alienta tras sus compases puede, y quiere, llegar más allá. El primer gran logro en esta nueva dirección es la *Ofrenda musical*, cuyo germen es en esta ocasión un sencillo tema de ocho compases que, al parecer, le entregó el rey Federico el Grande al compositor durante la visita que éste realizó a la corte de Potsdam en 1747. Bach improvisó al clave sobre este motivo en presencia del monarca, pero de regreso en Leipzig retomó el «tema regio» y escribió a partir de él una serie de cánones de extraordinaria complejidad técnica y dos grandiosas construcciones fugadas *(ricercares)* a tres y seis voces. Un canon, como ha quedado apuntado, no requiere componer más que una sola voz, ya que el resto se limita a copiar e imitar literalmente su contenido musical. Un juego predilecto de los compositores renacentistas consistía en componer cánones enigmáticos, y varios de los que forman parte de la *Ofrenda musical* dejan también en manos del intérprete la resolución del misterio que encierran (uno lleva la inscripción «*quaerendo invenietis*», «buscando encontraréis»). Junto a este Bach especulativo, críptico, que ni siquiera menciona a qué instrumentos destina una música mucho más teórica que práctica (hallamos también un «*canon perpetuus*», que podría tocarse indefinidamente, al igual que el «*canon per tonos*», en el que cada nueva exposición asciende un semitono hasta llegar al Do inicial), encontramos al autor de una sonata en trío que participa de muchos de los rasgos del estilo galante que iba a servir de puente entre el barroco y el clasicismo. Escrita para flauta (el instrumento que tocaba Federico el Grande), violín y continuo, la sonata no es ajena el tema regio, que aparece bajo diferentes ropajes en los cuatro movimientos, pero su carácter cortesano se sitúa en las antípodas de la severidad de los cánones precedentes.

El germen de la totalidad de *El arte de la fuga* tiene tan sólo once notas y no resulta fácil sospechar que bajo el aspecto inocente del tema que inicia el primer contrapunto (el nombre con el que aparecen designadas las diversas piezas) se esconde agazapado un edificio de proporciones tan asombrosas. Aunque acoge también cuatro cánones a dos voces, el centro de gravedad de la obra, tal y como apunta un título nuevamente espurio, recae sobre las construcciones fugadas. Dada su mayor libertad formal, éstas deben ser escritas con todo detalle, por lo que el texto musical se halla perfectamente establecido y no exige en este caso la resolución de ningún acertijo adicional. Bach vuelve a omitir el o los instrumentos que han de interpretar la obra, lo que corrobora que estamos de nuevo ante música esencialmente abstracta, nacida en la mente de un compositor enajenado de la realidad y refugiado en un mundo de ideas en el que teclas, cuerdas o tubos carecen de sentido.

Al igual que sucede en la *Ofrenda musical*, el tema inicial se ve sometido a lo largo de la obra a una sucesión inagotable de artificios contrapuntísticos que pueden llegar a dificultar su reconocimiento para los oídos poco educados. Desentrañar sus misterios constituye todo un reto para el experto, pero no es necesario trascender sus secretos para palpitar con la emoción que dimana de la lógica. Giacomo Leopardi nos enseñó que naufragar puede ser una experiencia dulce y pocos mares hallaremos más propicios para el naufragio que el juego de espejos refulgentes que esconde *El arte de la fuga*. Nacida para solaz de un espíritu (aquí, *razón pura*) empeñado en zafarse de cadenas temporales, no hay motivo alguno por el que debamos poner coto a nuestro deleite aduciendo como excusa el rigor extremado del discurso musical. Bach se sintió tan involucrado con el que acabaría por ser su canto del cisne que decidió formar parte él mismo de su obra. En el último contrapunto, una triple fuga que quedó truncada por la muerte del compositor, el tercer sujeto son las cuatro notas que, en la notación alemana, se corresponden con las letras de su apellido (Si bemol-La-Do-Si). No caben aquí lecturas autobiográficas, ni es probable que Bach pretendiera arrogarse afán alguno de protagonismo. Se trata simplemente del colofón lógico a la carrera de un compositor que se reclama hijo de una larga tradición que llega a su fin y para quien la música fue no sólo su sustento vital sino también su meta inalcanzable, su Ítaca. Al final del camino, Bach se confunde con ella, *se hace música*, del mismo modo que Montaigne se hacía literatura en sus *Ensayos*. Poco importa que esta fuga —y, por tanto, el conjunto de la obra— quedara inacabada, o que su hijo Carl Philipp Emanuel anotara en la partitura autógrafa que Bach murió después de utilizar su propio nombre como materia de la composición: pasto, en fin de cuentas, de la historiografía romántica, tan perniciosa en la imagen deforme que nos ha legado de Johann Sebastian Bach. Con su ingente número de obras como escudo, el compositor alemán ha sabido resistir los envites del tiempo, el acoso del olvido y continúa siendo hoy día, más de dos siglos después de su muerte, luz de la música.

Cronología

1685 Nace el 21 de marzo en Eisenach.
1695 Va a vivir con su hermano Johann Christoph a Ohrdruf.
1700 Estudia en la Michaelisschule de Lüneburg.
1703 Es nombrado organista de la Neuekirche de Arnstadt.
1707 Es nombrado organista de la Blasiuskirche de Mühlhausen. El 17 de octubre se casa con Maria Barbara.
1708 Es nombrado organista y músico de corte del duque Wilhelm Ernst en Weimar. En 1714 es nombrado *Konzertmeister*.
1717 Es nombrado *Kapellmeister* en la corte del príncipe Leopold de Anhalt-Cöthen.
1721 Contrae matrimonio con Anna Magdalena.
1723 Es nombrado Cantor de la Thomasschule y Director de Música de la ciudad de Leipzig.
1726 Publica su primera obra (la *Partita n.º 1* para clave).
1729 Asume la dirección del Collegium Musicum.

1730 Carta a Georg Erdmann, en la que le pide ayuda para encontrar un nuevo trabajo.
1736 Comienzan los enfrentamientos con el rector de la Thomasschule.
1742 Nace su vigésimo y último hijo, Regina Susanna.
1747 Visita la corte de Federico el Grande en Potsdam. Entra a formar parte de la Sociedad de Ciencias Musicales de Mizler.
1750 Muere el 28 de julio en Leipzig.

Obras más importantes

— *Ca.* 200 *Cantatas* religiosas y 23 *Cantatas* profanas.
— 7 *Motetes.*
— *Pasión según San Mateo* y *Pasión según San Juan.*
— *Misa en Si menor.*
— *Clavier-Übung* I (Partitas para clave).
— *Clavier-Übung* II (Obertura francesa y Concierto italiano).
— *Clavier-Übung* III (Corales del Catecismo, Preludio y Fuga BWV 552 y 4 Duetos).
— *Clavier-Übung* IV (Variaciones Goldberg).
— *Invenciones* y *Sinfonías.*
— *Suites francesas e inglesas.*
— *El clave bien temperado.*
— *Sonatas y partitas para violín solo.*
— *Suites para violonchelo solo.*
— *Conciertos de Brandemburgo.*
— *Suites para orquesta.*
— *Conciertos para clave.*

— *Orgelbüchlein.*
— Preludios corales, Partitas, Variaciones, Fantasías, Toccatas, Sonatas en trío y Preludios y Fugas para órgano.
— 17 *Corales de Leipzig* y *Corales «Schübler».*
— *Ofrenda musical.*
— *El arte de la fuga.*

Índice

Últimos títulos de la colección:

57. Ignacio Aldecoa: *El corazón y otros frutos amargos*
58. Eduardo Galeano: *Mujeres*
59. Dashiell Hammett: *Una mujer en la oscuridad*
60. José Deleito y Piñuela: *El desenfreno erótico*
61. Mariano José de Larra: *Artículos*
62. Ernesto Sábato: *El dragón y la princesa*
63. Anónimo: *La dama de Escalot*
64. César Vidal Manzanares: *Los manuscritos del mar Muerto*
65. Antonio Machado: *Antología poética*
66. Augusto Monterroso: *El eclipse y otros cuentos*
67. Franz Kafka: *En la colonia penitenciaria*
68. A. Rey / F. Sevilla: *Cervantes, vida y literatura*
69. Juan Perucho: *Las sombras del mundo (Cuentos)*
70. Rubén Darío: *Verónica y otros cuentos fantásticos*
71. R. L. Stevenson: *El diablo de la botella*
72. Sigmund Freud: *Los sueños*
73. Miguel de Unamuno: *San Manuel Bueno, mártir*
74. Roberto Arlt: *Noche terrible – Una tarde de domingo*
75. Anton Chejov: *La corista – El hombre enfundado – Enemigo – La señora del perrito*
76. Luis Carandell: *Madrid*
77. Manuel Vázquez Montalbán: *Cuarteto*
78. Leopoldo Lugones: *El vaso de alabastro y otros cuentos*
79. Hermann Hesse: *Alma infantil – Mes de julio*
80. Antonio Guzmán Guerra: *Dioses y héroes de la mitología griega*
81. Carlos Gómez Amat / Joaquín Turina Gómez: *Pequeña historia de la música*
82. Luis Carlos Gago: *Bach*
83. Rafael Pérez Sierra: *Mozart*
84. Ángel Carrascosa: *Beethoven*
85. Rafael Ortega: *Chopin*
86. Javier Alfaya: *Chaikovsky*
87. Domingo del Campo: *Dvorák*
88. José Luis García del Busto: *Falla*